MÉMOIRES DU NOUVEAU PROPHÈTE-POÈTE

FOURNET Michel

né en France en 1850

AU GAY-DE-RAZAC-SUR-L'ISLE

Prix : 1 Franc

EN DÉPOT

159, Rue de Rome, 159

MARSEILLE

MÉMOIRES

DU

NOUVEAU PROPHÈTE-POÈTE

GRAND AVERTISSEMENT

L'Enfant du Gay-de-Razac a rédigé sa biographie pour perpétuer sa mémoire remarquable, en 1889, sur la fin du XIXe siècle, époque de l'Exposition universelle de Paris, où les nations du monde entier venaient contempler la Tour Eiffel, ce qui pour eux était sans pareil, depuis la Tour de Babel; et pendant ce grand et terrible remue-ménage dans Paris (belle capitale) MM. les Sénateurs s'organisaient, hélas! en Haute-Cour de Justice pour condamner le général Boulanger et ses deux compagnons.

Pauvre enfant de village, quelle année remarquable! lorsqu'un jour on lira ton histoire écrite de ta main sur ton livre immortel.

Aujourd'hui, en ce siècle d'orgueil et d'argent, personne ne pense à toi, pas même ceux de ton village, tellement le peuple est devenu méchant; mais celui qui du haut du ciel veille sur toi, malgré qu'il t'ait destiné dès ton enfance pour être Prophète et Poète pour parcourir ta Patrie et les ondes, sur plusieurs navires, pour connaître le monde, Dieu t'a préservé du danger par son bras vaillant, ainsi qu'à Marseille, pour résister contre tous les malheurs que tu as supporté, pauvre Enfant!

I

L'Enfant du Gay-de-Razac

Cet enfant est né le 1er septembre 1850, au village de Gay, commune de Razac-sur-l'Isle, arrondissement de Périgueux, département de la Dordogne.

Enfant, qu'as-tu fait sur la terre dès ton enfance, pour être obligé de quitter ton village entouré de montagnes et de bruyères, malgré toi, le 15 août 1866, à l'âge de seize ans, pour voyager dans ta Patrie et parcourir le monde entier à travers l'onde sur plusieurs navires en gagnant ton pain à la sueur de ton front.

Sans doute Dieu a voulu que, malgré la volonté de ton père et de ta mère, tu sois sans fortune sur la terre pour connaître le monde, car les pauvres vénérables ruinés par leur nombreuse famille, ne furent que des misérables et mon pauvre père jusqu'à sa mort fut dans la misère, sans que j'ai pu lui porter secours, malgré le bon cœur que j'avais pour lui ; c'est grâce à l'école régimentaire et à Dieu si je sais lire et écrire pour faire connaître par ce livre le passé de mon père et de son enfant qu'il aime. Dans mes voyages que de peines et de tourments, depuis l'âge de seize ans où j'ai quitté mon village pour entreprendre mes voyages jusqu'à l'âge de trente-deux ans où, le 24 avril 1882, je me trouvai à Marseille.

II

Départ de la maison paternelle

A l'âge de quatorze ans, mon père me mit en apprentissage pour apprendre le métier de maréchal-ferrant. Après deux ans d'apprentissage, Dieu me tourmentait l'esprit, m'engageant à quitter mon lieu de naissance pour voyager.

Un jour je vins trouver mon père et ma mère pour les informer qu'il fallait à toute force que je parte pour voyager en France.

Mon père et ma mère se mirent à pleurer en m'embrassant, me demandant pourquoi je voulais les quitter.

Je leur ai répondu qu'en moi je comprenais que Dieu me forçait à quitter mon village pour apprendre à connaître le peuple de ma Patrie et celui du monde entier. A ce moment mon père m'accompagna hors du village pour me mettre sur la route et pendant ce temps ma mère, mes frères et mes sœurs pleuraient! Mon père en me quittant m'embrassa et me dit : « Mon enfant, sois toujours sage « dans tes voyages, que Dieu te conduise sur la terre, car ici-bas je « ne te verrai plus; mais un jour, puisque Dieu t'a destiné pour tra- « vailler et souffrir, pour combattre l'injustice, au ciel je te reverrai « victorieux et couvert de gloire par ta noble foi que tu as pour « Dieu dès le sein de ta mère ». Paroles belles et sublimes que j'ai gravées dans mon cœur d'enfant.

Les larmes aux yeux, je quitte mon père pour parcourir la France, ma chère Patrie; j'ai travaillé dans plusieurs villes, villages et hameaux, pensant très souvent à mon père et à mère, me rappelant toujours leurs nobles et douces paroles pendant la veillée, entouré de mes fréres et sœurs bien aimés; mais aussitôt je me cousolais, me disant : pourquoi pleurer? puisque Dieu t'a destiné pour quitter ta pauvre demeure paternelle pour voyager.

Pour écrire à mon père, la chose était pour moi bien cruelle d'être obligé de faire rédiger mes lettres par des gens qui le plus souvent se moquent de moi, de ce que je leur dictais d'écrire à ma famille pour leur raconter mes peines. A ce moment je me disais : que Dieu entende ma voix! qu'il est heureux l'enfant qui n'a besoin de personne pour écrire ses lettres.

Lorsque je recevais une lettre de mon père ou de ma mère c'était pour moi un grand jour de fête; j'étais heureux d'apprendre qu'ils étaient en bonne santé et malgré leur misère j'étais content de lire à chaque lettre ses belles paroles : « Mon enfant, sois sage dans tes « voyages. »

En 1870, j'arrive à Bar-le-Duc, chef-lieu du département de la Meuse, lorsque la guerre franco-prussienne éclata. La France trahie et vaincue par le nombre de ses ennemis; arrivant dans ce pays le 24 août à quatre heures du matin, au galop de charge, mousqueton et sabre en mains, les habitants furent tous effrayés, il y eut panique à la voix du tocsin ; mon maître chez lequel je travaillais, me pria de rester avec lui pour l'aider à supporter toutes les misères que les Prussiens allaient lui faire subir, comme ils avaient déjà fait dans tant d'autres villes avant d'arriver à Bar-le-Duc.

Moi étant déjà inquiet du sort de ma Patrie, ayant appris que ma classe (1870) avait déjà tiré au sort et prête à partir pour aller combattre l'ennemi et que peut-être j'étais porté comme déserteur ; aussitôt après avoir fini de ferrer les chevaux de la cour du roi de Prusse, je l'informe que je voulais partir à toute force. Alors, mon patron ainsi que sa femme et toute la famille se sont mis à pleurer à cause que je voulais les quitter ; il me régla et je partis.

Après bien des peines et des tourments, j'arrive dans la nuit à Saint-Dizier, département de la Haute-Marne, chef-lieu de Chaumont. Arrivé sur le pont de la rivière deux factionnaires prussiens m'arrêtent et me conduisent devant leurs officiers supérieurs installés à la mairie ; à mon arrivée il m'a interrogé en français d'un ton sévère en me demandant où j'allais, ce que je faisais, je lui répondis que je venais de Bar-le-Duc, que j'étais forcé d'aller chez moi pour aider mes parents ; d'après ma réponse, il me fit conduire entre deux soldats, baïonnette au canon, dans une auberge pour y passer la nuit, il s'y trouvait une trentaine de soldats prussiens qui étaient couchés pêle-mêle.

Le lendemain cet officier me fit escorter par deux soldats pour sortir de la ville, me délivra un laissez-passer pour que je ne sois pas arrêté de nouveau en traversant les lignes prussiennes. Dans la soirée, j'arrive à Brienne-Napoléon, où je fus arrêté par le garde-champêtre qui me prit pour un espion prussien ; mais après avoir fait connaître mon identité par-devant M. le Maire je fus relâché.

Le lendemain, j'arrive à Troyes, en Champagne, où je me suis présenté à M. le commandant du recrutement militaire, je lui exposai ma situation que malgré ma bonne volonté je n'avais pu participer au tirage au sort dans mon pays à cause de l'arrivée des Prussiens à Bar-le-Duc et que je n'aurais jamais cru que la France fusse battue.

Cet officier après m'avoir écouté écrivit à M. le Prefet de mon chef-lieu (Périgueux), pour qu'il lui fasse savoir quel numéro on avait tiré pour moi, M. le Préfet lui répondit que M. le Maire avait amené le numéro 30 et que par conséquent j'étais soldat pour cinq ans.

Après que cet officier m'eut fait passer la visite à l'Hôpital-Militaire de Troyes, il me donna ma feuille de route pour aller être incorporé au 31e régiment de ligne, en garnison à Limoges. Après avoir fait la route à pied jusqu'à Mâcon, arrivé là, je pris le chemin de fer jusqu'à Limoges où j'arrive le 3 novembre 1870 par un temps terrible, il y avait un mètre de neige. Après avoir été incorporé, j'ai fait les manœuvres pendant un mois, et de Limoges nous partons pour le camp de Bègles, près Bordeaux, où nous sommes passés en revue par Gambetta sur l'Allée des Quinconces, et huit jours après nous partîmes pour aller à Châtellerault. Après avoir campé pendant un mois dans les environs des forêts de ce pays, près des Prussiens, il arriva une armistice et le 21 mars la paix fut signée entre la France et la Prusse.

De là pour nous consoler nous recevons l'ordre de partir pour Paris, pour aller combattre la Commune; étant en route, je tombe malade par suite de fatigue et de blessures; aussitôt mes collègues informèrent mon capitaine que malgré ma bonne volonté je ne pouvais aller à Paris.

Mon capitaine me fit admettre à l'Hospice de Châteauroux, et le 20 avril de la même année, après ma guérison, on m'envoya au 85e de ligne à Villefranche-sur-Mer près de Nice.

En 1872, le 20 mars, de Villefranche on m'envoya au 27e de ligne à Nice, et le 15 octobre suivant, nous partîmes de Nice pour aller au camp d'Avon, près de Bourges, dans le Berry.

Sitôt arrivé, je reçus une lettre de ma mère qui m'informait que mon pauvre père après avoir parlé de moi plusieurs fois, venait de mourir. Cette nouvelle m'attrista beaucoup en pensant à mon pauvre père bien aimé et, pour comble de malheur, je ne pouvais pas aller le voir ni assister à son enterrement et cela faute d'argent pour pouvoir aller consoler ma mère ; mais Dieu me donna la force de m'en consoler malgré tous les chagrins dont j'étais accablé.

En 1873, le 1er septembre, nous partîmes du camp d'Avor pour Lyon où nous étions casernés à la caserne Bisuel, le 20 octobre 1874. D'après un ordre du ministre, je reçus ma feuille de route pour quitter le 27e de ligne pour aller ferrer les chevaux de la 3e batterie qui se trouvait en garnison à Bourges en Berry.

Parti de Bourges le 15 juin 1875, en congé, où j'allai à Nantes au lieu d'aller chez moi en mon village du Gay, sous le rapport que j'avais fait, que chez moi je trouverais ma mère dans la misère, ainsi que tous mes frères et sœurs et que, par conséquent, je préfèrais etre loin pour ne pas me faire de mauvais sang, sachant que mon père était mort.

Arrivé à Nantes en Bretagne le 16 juin, je me rendis chez la mère des maréchaux-ferrant où dès mon arrivée on s'est empressé de me chercher du travail en qualité de maréchal-ferrant. Après avoir travaillé trois mois dans cette ville sous le costume militaire (artilleur), je pus gagner quelques sous pour m'acheter des effets civils.

Le 15 septembre suivant, d'après une demande que j'avais faite à la Compagnie des Chemins de fer d'Orléans, je fus admis en qualité d'ouvrier ajusteur au Dépôt des machines de Tours où je m'y suis rendu le 16 septembre.

En 1876, sur ma demande adressée à M. le Directeur de la Compagnie Transatlantique du Havre, je donnais ma démission des ateliers de Tours, le 25 août de la même année.

Arrivé au Havre le 28 août, dès mon arrivée j'y trouvai une grande misère dans tous les corps de métiers ; sur la place, ne sachant que faire ; heureusement pour moi que Dieu me protégea, je trouvai du travail ponr porter du charbon dans les maisons à raison de 3 francs par jour en attendant de trouver mieux.

Quelques jours après, j'ai trouvé du travail d'ouvrier maréchal-ferrant dans un atelier où je gagnai 4 francs par jour et je quittai ce patron, l'informant d'avance que je voulait naviguer sur mer, où tout n'était pas rose.

Je fus embarqué à bord du paquebot *l'Amérique*, de la Compagnie Générale Transatlantique, Agence du Havre pour faire les voyages de cette ville à New-York, comme soutier ajusteur à la machine.

Parti du Havre le 30 novembre 1876, après 9 jours de marche, nous arrivons au Trou-du-Diable, c'est-à-dire entre les Açores et le banc de Terre-Neuve. Arrivés dans ces parages, une tempête effroyable nous surprit, et malgré la résistance de notre navire qui commençait à craquer, les passagers poussaient des cris lamentables en demandant à Dieu miséricorde. Les vieux marins disaient qu'ils n'avaient jamais vu une mer aussi terrible que ce jour-là et que nous avions besoin que Dieu veille sur nous car nous étions en danger. En ce moment, Dieu m'inspira de monter sur le pont malgré la défense du commandant du navire pour ne pas être enlevé par les coups de mer qui balayaient le pont à chaque instant, lorsque j'arrive sur le pont, voyant cette mer tellement démontée, blanche d'écume tel qu'un champ couvert de neige, les passagers et l'équipage se recommandaient à Dieu pour qu'il appaise la mer en furie, étendant la main sur les flots j'ai demandé à Dieu de bien vouloir écouter ma prière, pour que la mer devienne calme, afin d'être sauvé de tout danger.

De retour au poste j'avise mes collègues de ne pas se décourager, que dans cinq minutes un coup de roulis viendrait, tellement violent que vous autres et les passagers, vous vous croirez tous perdus, plusieurs d'entre vous tomberont, mais après ce coup de roulis, la mer redeviendra calme jusqu'à New-York.

Après leur avoir ainsi prononcé ces paroles, plusieurs de mes collègues se moquèrent de moi, tandis que d'autres le prirent au sérieux et consultant leur montre, me dirent : voyons si tu seras prophète?... Au bout de cinq minutes, le navire se penchant sur le flanc de tribord comme s'il allait disparaître à travers les flots ; mais grâce à Dieu pour nous, le navire par un élan tellement fort se releva et parmi les passagers et l'équipage, plusieurs crièrent cette fois, nous sommes perdus ; mais aussitôt la mer s'est calmée, le navire ne faisait plus de roulis, à ce moment les passagers, ainsi qu'une partie de l'équipage furent rassurés et glorifièrent Dieu de les avoir sauvé du danger, alors que tout était possible, je me disais, hélas! pauvre enfant, pour toi quelle destinée, pour le premier voyage que tu fais sur ce navire, tu avais bien raison de dire avant de partir du Havre pour aller à New-York que Dieu t'éprouverait à travers l'onde, que tu serais blessé dans ton premier voyage pour qu'à ton retour au Havre tu quitte ton navire pour aller à l'hospice, car Dieu n'a pas voulu que tu repartes avec lui parce qu'il était destiné à périr dans les mêmes parages où Dieu nous avait déjà protégé contre le danger. Le 1er janvier 1877, nous arrivons au Havre et le lendemain le médecin du navire me fit admettre à l'hospice. Mon navire repartit pour New-York, le 20 janvier et le 30 étant à l'Hospice à la salle des blessés, n° 5, je fis un rêve que je voyais mon navire (*l'Amérique*) dans les parages de Philadelphie, qui disparaissait dans les flots et qu'il y avait quatre hommes de l'équipage qui disparaissaient dans les flots. A ce moment je me réveille, il était quatre heures du matin et aussitôt j'ai expliqué mon rêve à mes collègues tel que je venais de le faire; presque aussitôt rentre un infirmier venant de la ville pour faire les lits des malades et nous apprend que la Compagnie Générale Transatlantique venait de recevoir une dépêche d'Amérique annonçant que le paquebot portant le même nom venait de se perdre avec quatre hommes près de la côte de Philadelphie, et les malades qui venaient d'entendre le récit de mon rêve avaient tous dit à l'infirmerie que la malade du n° 5 venait de leur expliquer la chose telle quelle.

Aussitôt Dieu m'inspira de partir aussitôt guéri de ma maladie pour m'embarquer de nouveau sur un autre navire de la même Compagnie, du Havre pour retourner à New-York et qu'en passant dans les parages où s'était perdu le navire je le relèverais d'entre les flots.

Je sortis de l'Hospice le 5 mars 1877 et je m'embarquai le 21, comme chauffeur, à bord de la *Ville de Paris*, pour effectuer à nouveau le voyage de New-York. Arrivé dans les parages où mon navire s'était perdu, nous avons pris le pilote pour arriver à New-York comme on le fait à tous les voyages pour traverser la grande rivière de Philadelphie qui est assez dangereuse.

Lorsque le pilote fut à bord il nous annonça que le paquebot *l'Amérique* que tout le monde croyait perdu, dès le matin à la pointe du jour un autre navire qui passait près de lui l'avait trouvé flottant au-dessus de l'eau et qu'il l'avait remorqué jusqu'à New-York.

Arrivé dans cette ville, rien de plus pressé pour moi que d'aller revoir mon pauvre navire que Dieu avait délivré d'entre les flots pour me contenter et me démontrer qu'il avait tout pouvoir de sauver les navires comme les hommes, et après l'avoir parcouru, j'ai pleuré de joie en priant Dieu de m'avoir exaucé dans mes prières lorsque j'étais encore au Havre, en lui ayant demandé que je vois en passant mon navire sauvé étant près de lui sur la *Ville-de-Paris*, j'ai débarqué de ce bord le 18 juin; arrivé au Havre, je pars pour aller dans mon village voir ma pauvre mère.

Arrivé dans mon village après onze ans d'absence, personne ne me reconnaissait; mais sitôt après m'être fait connaître, la nouvelle se répandit dans tout le pays que l'enfant du Gay-de-Razac était arrivé. A ce moment, ma mère courait de tous côtés pour me voir, lorsqu'elle m'a rencontré de la joie qu'elle éprouva elle faillit s'évanouir. Elle m'embrassa ainsi que mes frères et sœurs, parents et amis, tous me questionnaient. Après leur avoir raconté plusieurs faits de mon voyage et plusieurs aventures, ils furent tous consolés en disant que réellement Dieu me gardait partout où j'allais.

Ce qui me fit beaucoup de peine malgré la joie que j'avais de revoir ma mère, ainsi que tous mes parents et mon village, ce fut lorsque j'ai vu ma pauvre chaumière démolie et sur son emplacement on avait semé du blé après la mort de mon pauvre père, pour payer les dettes.

Ensuite rien de plus pressé que de dire à ma mère de me conduire auprès de la tombe de mon pauvre père, aussitôt arrivé je ne pus, malgré ma bonne volonté, m'empêcher de pleurer en récitant une prière, et comme la croix qui surmontait la tombe était brisée, j en fis faire une neuve, je priai le fossoyeur d'entretenir la tombe et de planter des fleurs.

Après cela je déclarai à mes frères et sœurs que s'il me revenait quelque chose de la part de mon père que je laissais le tout à notre mère et je les engageai d'en, faire autant que moi. Hélas! il ne me reste plus du pays que les yeux pour pleurer.

Après avoir embrassé ma mère, frères et sœurs, je quitte mon village. je fus à Bordeaux et le 3 juillet 1877, je m'embarquai à bord du *Sénégal* de la Compagnie des Messageries, comme chauffeur, pour faire les voyages de Buenos-Ayres. Après 35 jours de marche nous y arrivâmes, nous avions éprouvé beaucoup de peine à cause des chaleurs intolérables et du mauvais climat où plusieurs hommes de l'équipage tombèrent malades; il a fallu faire travailler des passagers malgré eux.

Mais la chose la plus remarquable en faisant les voyages sur cette ligne, ce fut un jour étant au mouillage dans le Paraguay devant Buenos-Ayres. Étant sur le pont en train de me rogner les ongles des mains et des pieds, l'ongle de l'orteil du pied droit se détacha tout à fait et pour me souvenir de ce pays je le jetai dans la rivière.

A notre retour à Bordeaux, à peine notre navire fût-il amarré près du quai que deux gendarmes montèrent à bord, m'arrêtèrent et me conduisirent par devant le Général en Chef de cette ville, ayant été porté comme insoumis par le commandant du recrutement de Périgueux pour avoir manqué de faire ma période de vingt-huit jours que j'avais à faire au mois d'août 1877.

Arrivé devant le Général et lui avoir exposé le fait que si j'étais parti pour Buenos-Ayres à l'époque où je devais faire mes vingt-huit jours, c'était M. le Commissaire de la Marine de Bordeaux qui m'y avait autorisé.

Alors M. le Général me dit que puisque c'est M. le Commissaire de la Marine qui m'y avait autorisé, que je n'avais rien à craindre et que je ferais mes vingt-huit jours le 1er mars 1878, au 34e régiment d'artillerie, à Angoulême.

Je fus donc obligé de débarquer du *Sénégal* le 16 janvier 1878 pour me rendre au Havre où j'arrivai le 18. Je travaillai à la Compagnie Générale Transatlantique en qualité de journalier en attendant de faire ma période de vingt-huit jours à Angoulême. En arrivant dans le quartier d'artillerie, je fus questionné, même par le colonel du régiment, sur les voyages que j'avais fait sur mer, me demandant le détail des aventures qui m'étaient arrivées.

Aussitôt après, le colonel donna des ordres à mon capitaine de ne pas me faire de misères. Pendant tout le temps de mes vingt-huit jours je ne faisais que les lits des sous-officiers, astiquer leurs sabres et leurs revolvers.

Le 28 mars je quittai le 34e pour retourner au Havre où j'arrivai le 30 mars, sans le sou, car j'avais tout dépensé pendant mes vingt-huit jours.

Fort heureusement pour moi que la dame Goupil, demeurant rue de la Communauté, 33, me connaissait, elle me fit crédit pour quelque temps.

Le 15 avril je fus embarqué à bord de la *Colombie*, comme chauffeur à la Compagnie Générale Transatlantique, pour la conduire à Saint-Nazaire pour être réparée.

Arrivé à Saint-Nazaire nous avons changé de navire et nous avons ramené au Havre le paquebot *l'Indrodrigue* pour faire les voyages des Antilles et Saint-Maurice, dans les mers du Sud.

Débarqué de ce navire le 20 octobre 1878, embarqué de nouveau à bord du paquebot *la France*, même Compagnie, le 30 octobre 1877 pour faire de nouveau le voyage de New-York où j'ai voulu débarquer de ce navire le 11 janvier 1877, pour travailler aux ateliers de la Compagnie Générale Transatlantique, pour me reposer, car le mauvais temps sur mer m'avait fatigué; maïs je n'eus pas de chance, je fus obligé de quitter les ateliers pour guérir une plaie que j'avais à la jambe droite à la suite d'une égratignure que je m'étais faite d'une démangeaison occasionnée par la piqûre d'une punaise, étant couché dans mon lit lorsque j'étais chez M. Roumigue, maréchal-ferrant, dans mon département de la Dordogne, à l'âge de 17 ans.

Par suite du mal à cette jambe, me voyant dans la misère malgré ma jeunesse et ma bonne volonté de vouloir travailler, de voir que je gardais toujours le lit, me soignant pour le mieux et ne pouvant pas guérir, j'étais décidé d'en finir d'une manière ou d'une autre. Je logeais chez Mme Rasse, au Havre, dans une mansarde, lorsqu'une nuit, dans le courant du mois de mars 1879, vers trois heures du matin, l'idée me vint de me mettre à la croisée pour demander à Dieu, dans une prière que je lui offris, les quelques paroles que voici:
« Mon Dieu tout puissant, Créateur du ciel et de la terre, au nom de
« notre Seigneur Jésus-Christ, votre cher fils. Mon Dieu, dis-je, je
« sais que vous m'avez destiné pour souffrir, en parcourant la terre,
« tout le globe terrestre pour gagner ma vie à la sueur de mon
« front, mais que vous m'avez toujours aimé et que vous m'aimez
« toujours encore, veuillez donc mon Dieu, je vous prie, écouter ma
« prière que je vous offre cette nuit pour que vous daigniez me gué-
« rir ma jambe, ou bien faites-moi mourir, autrement que devien-
« drais-je sur la terre. Mon Dieu, jeune encore, je n'ai que vingt-
« huit ans. » Après avoir adressé à Dieu ces paroles, je reviens me coucher et j'éteins ma chandelle.

Aussitôt que je fus couché, une voix sonore me dit à l'oreille :

« Bandes-toi bien la jambe ».

En entendant ces paroles je me suis effrayé, ne sachant quelle était la personne qui venait de me parler ainsi à l'oreille. Aussitôt l'idée me dit que c'était Dieu, et je me fis une bande de toile, je bandai ma jambe et huit jours après je fus guéri.

Aussitôt après je louai Dieu de m'avoir parlé pour m'indiquer d'après ma prière, de me guérir ou me faire mourir.

Je déclare que tant qu'il y aura des hommes sur la terre qui respecteront leurs parents et les paroles écrites sur ce livre par Michel Fournet et qui comme moi imploreront le Dieu tout-puissant seront guéris.

Parti du Havre le 4 octobre 1879 pour Paris, logé à l'hôtel de Bièvre pendant un mois, je fus obligé de vendre ma malle contenant pour plus de 300 francs d'effets, le marchand de bric-à-brac ne m'en donna que 28 francs.

Aussitôt après je rentrai à la Compagnie des Chemins de fer de P.-L.-M., en qualité de chauffeur, remplissant les fonctions d'élève mécanicien, et la Direction de la Compagnie m'envoya au dépôt des machines de Montargis, je montai sur la machine portant le n° 87, faisant la ligne de Montargis à Nevers et de Paris, du train des voyageurs, mon compagnon se nommait Nodin.

A la suite du gros hiver, en 1879, dans le mois de novembre, j'arrivais à peine à Paris où la glace était partout, on vint m'informer de me préparer à repartir de nouveau pour conduire le train express remplacer le chauffeur tombé malade.

Ne connaissant pas bien les règlements de la Compagnie, j'ai répondu que j'étais malade du froid que j'avais enduré et par conséquent je refusai de partir, le froid était à 30 degrés et à la moyenne qu'a la machine s'élevait à 60 degrés, et qu'étant déjà malade je ne pourrais pas résister.

Malgré cela le chef mécanicien du dépôt de Montargis fut pour moi d'une bonté sans égale, me promettant qu'il ne dirait rien à l'Administration, oui, mais Dieu m'obligea malgré moi à donner ma démission de la Compagnie et je la quittai le 16 janvier pour aller à Marseille, le chef de dépôt me délivra un laisser-passer pour aller jusqu'à Sens en Bourgogne et de là je fis la route à pied jusqu'à Marseille, de temps à autre travaillant chez M. Chomé et Anglade, entrepreneurs de la ligne des chemins de fer, à Pont-Saint-Esprit (Gard).

J'arrive à Marseille le jour des Rameaux, mon baluchon sur le dos, peu d'argent. Le 19 mai 1880, malgré la misère qu'il y avait sur la place de Marseille, je fus embarqué par l'Ingénieur des Messageries-Maritimes de Marseille, comme forgeron-chauffeur pour aller à Constantinople pour être embarqué sur le *Méandre* en station.

Parti de Marseille le 20 mai à bord du *Cambodge* des Messageries, arrivé à Constantinople le 1er juin 1880, débarqué du *Cambodge* e même jour de notre arrivée, réembarqué à bord du *Méandre* de suite, comme chauffeur-forgeron pour rester en station à Constantinople, et faire les voyages de Trébizonde à Salonique,

Lorsque le 5 novembre, venant de Trébizonde à Constantinople, nous reçûmes l'ordre de passer les feux au fond des fourneaux sans les tomber, il fallait que nous repartions aussitôt que le navire serait déchargé pour aller remplacer le paquebot *le Delta*, qui venait de s'échouer dans le Danube.

Le même jour à six heures du soir, nous partions pour aller dans le Danube, lorsque sur les dix heures du soir, étant dans les Dardanelles la mer était un peu houleuse, lorsque étant couché, tout à coup où j'étais en train de rêver qu'une des chaudières de tribord faisait explosion, le mécanicien-chauffeur monte dans le poste tout effrayé en criant : Fournet, nous sommes perdus, une chaudière va sauter pour manque d'eau et les fournaises étant chargées de frais et ardentes. Le premier chauffeur avait perdu la tête; après avoir mis le petit cheval à toute vitesse pour alimenter la chaudière à l'eau froide, c'est-à-dire avec l'eau de la mer, la chaudière commençait à craquer.

Je me réveille en sursaut, et n'ayant sur moi que mon caleçon, ma chemise et mes galoches aux pieds, je descends dans la chambre des chaudières de la machine, descendant plusieurs marches d'escalier à la fois pour tâcher moyen de vite conjurer le danger qui nous menaçait tous ainsi que le navire.

En ce moment critique, j'ai demandé à Dieu la protection de veiller sur nous pour nous délivrer du danger qui nous menaçait.

Arrivé près de la machine, je trouve le commandant du navire, le chef mécanicien, son second, le premier chauffeur, tous les chauffeurs de quart dans le tunnel de l'arbre de couche qui fait agir l'hélice pour se garer du danger.

Aussitôt je me mis en devoir de soulager la soupape de sûreté, d'ouvrir toutes les portes tubulaires et après avoir fermé les portes des cendriers, je me mets à tomber tous les feux des fourneaux en informant le commandant ainsi que le chef mécanicien, le second, premier chauffeur et tous les chauffeurs qu'il n'y avait plus de danger à moins qu'un dôme de la chaudière vienne à sauter par suite des courants d'air provenant de la soupape et des portes à tubes, mais que s'il y avait quelque victime dans cet accident ce serait moi.

Au même instant un dôme de la chaudière saute; je me suis trouvé entouré d'eau bouillante et la vapeur qui s'échappait par le trou d'hune qui paraît avoir 30 à 40 centimètres de diamètre.

Fort heureusement pour moi que j'ai pu me sortir de là presque aussitôt, sans quoi j'étais asphyxié; quoique je n'y suis resté qu'une minute environ, il y en a eu assez pour avoir eu les jambes et les pieds ébouillantés, brûlés jusqu'aux os.

Je me suis empressé d'aller me coucher eu criant comme un malheureux de la souffrance que j'endurais, car mes jambes et mes pieds étaient tellement enflés, des cloches s'étaient formées et ensuite crevées et l'eau qui en sortait. Jugez un peu si je souffrais.

Le commandant fit aussitôt apporter un baril d'huile, près de ma couchette, en désignant un souttier de faire couler constamment de l'huile sur mes brûlures.

Lorsque vers les 3 heures du matin à la suite des cris que me faisait jeter la souffrance et ne pouvant plus crier, le commandant vint auprès de moi et me demanda si je voulais être transporté à l'hôpital de Salonique, ou bien à celui de Constantinople et si vous désirez aller à celui de Constantinople, je suis disposé à faire virer de bord le navire.

Je lui répondis de continuer la marche sur Salonique, pourvu que le personnel de la machine puisse parvenir à arranger la chaudière, et que s'il parvenait à découvrir un navire qui ferait route sur Constantinople de lui faire signe de loin de s'approcher du nôtre pour me prendre et me conduire à Constantinople. Aussitôt le commandant fit mettre les vergues en croix pour indiquer notre détresse et fit monter un matelot au mât de hune pour tâcher moyen de découvrir dans le lointain un navire; tout à coup le marin signale au commandant un navire dans le lointain, c'était un paquebot qui se dirigeait sur Constantinople, c'était le *Mendoza*, appartenant à la même Compagnie que la notre.

Au même instant notre commandant signale à celui du *Mendoza* de s'approcher du bord, où il y avait un chauffeur qui avait été ébouillanté à la suite d'un accident survenu à la machine.

Le commandant m'avait fait monter à cheval sur les épaules du brave Torris. Arrivé sur le pont de notre navire, toutes les passagères Turques, Égyptiennes se mirent à pleurer, de me voir si triste, leurs maris mêmes qu'on dit avoir le cœur si dur, surtout les Juifs, se mirent à pleurer aussi.

Lorsque le *Mendoza* fut près de notre navire, il stopa et le maître d'équipage du *Méandre* organisa aussitôt un pont-volant pour relier les deux navires et le chauffeur Corris me plaça sur son dos et me transborda à bord du *Mendoza*, où le docteur me fit placer dans une cabine des premières à côté du grand Pacha Turc qui se rendait à Constantinople revenant de France.

Lorsque le *Mendoza* se mit en route pour Constantinople, je fis le signe de la croix en disant à mon navire le *Méandre :* que Dieu t'accompagnes, pour terminer ton voyage remarquable dans ces parages, à Salonique et de là dans le Danube, je me souviendrai toujours de toi dans la nuit du 5 novembre 1880, ayant été ébouillanté étant dans les Dardanelles pour avoir voulu porter secours à mes collègues, quant j'aurais pu rester tranquillement couché dans ma couchette, n'étant pas de service, Dieu a voulu qu'un fait semblable pour me rappeler de l'Orient où il me délivra du danger par son bras vaillant.

Le 6 novembre, nous sommes arrivés à quatre heures du matin sur la rade de Constantinople où la Direction avait fait préparer un chalant pour me transporter assis dans un fauteuil; sur le quai il y avait une voiture de la Compagnie qui m'attendait pour me conduire à l'hospice de France à Constantinople.

Arrivé dans l'hospice, je fus reçu par Mme la Supérieure, qui était cousine de Louis-Philippe, ex-roi de France.

Du moment que les infirmiers préparaient le lit n° 5 pour me coucher (Salle des blessés), je dis à Mme la Supérieure, aux infirmiers et aux malades là présents, dans ce lit où vous allez me mettre, il y est mort un pauvre martyr il n'y a pas bien longtemps.

Mais la sœur et les infirmîers pour ne pas m'effrayer, m'ont tous déclaré que c'était des idées que je me faisais et que cela n'était pas.

Quelque temps après, que j'ai eu combattu la mort et que je me trouvais beaucoup mieux, les infirmiers ainsi que les malades m'ont rappelé ce que j'avais dit en entrant, j'avais eu r ison, attendu qu'un pauvre Russe, après avoir fait la route à pieds dans la neige, depuis Moscou jusqu'à Constantinople, avait eu les pieds gelés et qu'après lui avoir fait l'opération aux deux pieds était mort dans des souffrances atroces et moi, je l'avais remplacé avec les pieds brûlés.

Ah ! pauvre enfant, je n'ai pu alors que louer Dieu de m'avoir délivré de la mort.

Je suis sorti de l'hospice le 15 janvier 1881, où la Compagnie des Messageries pour me récompenser ne cherchait qu'à se débarrasser de moi de crainte qu'elle fut obligée de m'allouer quelque chose pour me dédommager. Tout ce que j'ai eu de cette affaire en récompense de mon dévouement, *une médaille de sauvetage par M. le Ministre de la Marine.* Cependant la Compagnie m'a payé un mois de convalescence que j'ai passé chez M. Pierre, rue du Petit-Puits, n° 17, à Marseille.

Lorsque le mois de convalescence fut fini, le brave avocat de la Compagnie me fit appeler, et voulait me faire signer une déclaration comme quoi je ne réclamerais jamais rien à la Compagnie puisque j'étais guéri.

J'informai cet avocat que la Compagnie profitait de ma misère, sachant que j'étais sans fortune pour l'attaquer, mais qu'un jour cette blessure pourrait me nuire et m'empêcher de gagner ma vie.

L'avocat me répondit que la Compagnie aurait égard à moi en me confiant un poste pour le restant de mes jours, je signai et malgré moi, et une fois que j'eus signé, la Compagnie pour me récompenser me faisait travailler sur ses navires qui étaient en réparations dans le port de la Joliette, à l'humidité, dans la saleté, ce qui ne fortifiait pas mes pauvres pieds brûlés.

Le 31 mars 1881, je fus le premier débauché me disant qu'il n'y avait plus de travail à bord pour moi, tandis que les autres ouvriers y sont restés jusqu'à la fin des travaux.

Je fus aussitôt trouver M. l'Ingénieur des ateliers de la Compagnie qui, après lui avoir expliqué ma situation et tout ce qui m'était arrivé étant au service de la Compagnie et à bord du *Méandre*.

Il m'embarqua en qualité de chauffeur à bord du *Cambodge* pour les voyages de Constantinople pour être ensuite embarqué à bord de l'*Elyssus*, en station et faire les voyages de Constantinople à Trébizonde.

Arrivé à Constantinople le 9 avril 1881, je fus embarqué sur l'*Elyssus* et le 10 avril, après deux voyages nous revenions à Marseille, où nous rentrons le 20 juin 1881 et aussitôt que le navire fut déchargé nous le conduisîmes à la Ciotat pour y être réparé.

Le 30 juin je fus débarqué avec plusieurs de mes collègues, nous partîmes dans la soirée pour Marseille où nons trouvâmes les troupes sous les armes pour maîtriser les Italiens, arrêter toutes collisions avec les Français, à cause que les Italiens avaient sifflés le général Vincendon à la tête de ses troupes, en passant devant leur cercle rue de la République, où leur écusson fut enlevé par un adjoint de M. le Maire de Marseille.

Quelques jours après, étant chez M. Niel, rue Caisserie, n° 57, je m'ennuyais, j'adressai une demande à M. Visigni, ingénieur en chef des ateliers des Messageries à La Ciotat, pour lui solliciter une place d'ouvrier forgeron aux forges mécaniques, et après lui avoir fait les détails de tout ce qui m'était arrivé à bord du *Méandre*, il me fit réponse par retour du courrier, de me rendre à La Ciotat, qu'il m'avait accordé la place que j'avais sollicitée.

Je partis le 15 juillet pour La Ciotat et je fus embauché le 16. Dans cet atelier étant à ma forge, quelques jours après, le nommé Dromeng, français, me voyant assidu à mon travail et malgré que je n'étais pas au courant de faire les travaux qu'il y avait à faire comme tous les autres ouvriers, vint me trouver un jour et me dit qu'il avait une fille qui s'appelait Alexandrine-Honorine-Marie Dromeng, âgée de vingt ans, qui lui disait toujours ainsi qu'à sa mère, que depuis fort longtemps elle voyait dans ses rêves devant elle un homme grand et blond qui voyageait par le monde et qu'une voix lui disait toujours : c'est celui-là qui doit être ton époux et que, puisque moi je venais d'arriver à La Ciotat, après tant d'aventures dans mes voyages, ce ne pouvait être que moi.

Après avoir bien réfléchi, j'informai le père Dromeng que j'irais chez lui voir sa fille pour m'assurer si réellement il y avait un peu de vérité dans ce qu'il me disait au sujet de sa fille.

Huit jours après (24 juillet), un soir de samedi après la journée, je fus avec lui, il demeurait à 3 kilomètres loin de La Ciotat près de la forêt du Gouvernement et des rochers.

Arrivé dans le jardin et aussitôt que sa fille m'a vu, elle est devenue de toutes les couleurs et dit à sa mère : c'est bien lui que j'entrevoyais toujours dans mes rêves.

Dès ce jour-là je compris que Dieu nous avaient guidés et destinés à nous marier. J'en informai la fille Dromeng ainsi que le père et la mère, que puisqu'il en était ainsi il fallait nous marier le plus tôt possible et nous fixâmes le mariage au 24 août, c'est-à-dire un mois après.

Le 24 août 1881 nous nous épousâmes et après les cérémonies de l'Église nous montâmes en omnibus que j'avais commandé pour toute la famille et nous allâmes dîner. Après dîner, une pluie fine se mit à tomber; je dis à ma femme, étant seuls sous les pins, voilà pour nous ce qui est remarquable pour notre mariage, au mois d'août, sur la montagne, loin de mon village.

Pauvre enfant, quelques jours après, à cause de la jalousie de certains parents de ma femme, commencèrent à pousser la roue ponr que je la quitte en cherchant chaque jour à la détourner de moi, les misérables, et pour avoir la paix dans mon ménage, il a fallu que je quitte mon beau-père et ma belle-mère et de même quitter les ateliers de la Compagnie des Messageries et m'en revenir à Marseille.

J'arrive le jour de la Noël 1881 où je fus travailler à la Compagnie des Messageries Maritimes de Marseille, ouvrier à bord de ses bateaux jusqu'au 15 mars 1882, de là je fus conduire une machine dans une huilerie rue Saint-Joseph, près l'Usine à Gaz et l'Abattoir de Marseille. A cette époque, mon épouse me dit qu'elle serait contente que je rentre dans l'Administration des Gardiens de la Paix.

Après avoir réfléchi sur ce point et savoir si je devais entrer dans le corps des Gardiens où accepter l'emploi de garde-forestier où je devais être bientôt nommé dans les environs d'Aix-en-Provence.

Trois jours après avoir adressé ma demande, auparavant Dieu m'avait guidé à aller à Aix pour retirer mes pièces de chez M. le Conservateur des Forêts et faire de suite une demande à M. le Commissaire Central de Marseille pour obtenir l'emploi de Gardien de la Paix.

Trois jours après, dis-je, M. le Commissaire Central m'envoya l'ordre de me rendre de suite à la Mairie pour y passer la visite et y faire une page d'écriture pour connaître mes capacités.

Après avoir rempli toutes les formalités, M. le Secrétaire de M. le Commissaire Central me fit déposer toutes mes pièces militaires et civiles et me dit : attendez votre tour, car il y avait d'autres postulants avant et qui attendaient depuis longtemps.

Le 8 avril 1882, ennuyé d'attendre, je fis part à mon épouse que je voulais écrire à M. Poubelle, préfet, pour le prier de m'accorder sa bienveillante protection pour être admis de suite.

J'écris donc à M. le Préfet et de voir que je ne recevais pas de réponse, je dis à mon épouse, il doit m'avoir oublié.

Le 17 avril l'idée me vint d'aller à la Mairie avec mon épouse pour retirer mes pièces, si je n'étais pas nommé Gardien de la Paix.

Je rencontre M. Hergoris, agent du Bureau Central et après lui avoir dit que si je n'étais nommé je voulais retirer mes pièces ; mais à ce moment cet agent me dit d'aller aux renseignements au bureau de la 4e Division pour savoir si j'étais nommé, après m'en être assuré auprès du chef de bureau, il m'annonça ma nomination de Gardien de la Paix et de m'aller faire habiller.

Je le fus le 17 avril 1882 par M. Barry, officier payeur et chef d'habillement et je fus enrôlé dans la 2e Section. J'ai commencé mon service le 24 avril aux Allées de Meilhan et sur le cours du Chapître, de 6 heures du matin à midi. J'ai demandé à Dieu sa protection et qu'il me conduise au bien dans ce métier, quoiqu'il soit détesté de bien des gens.

Je suis passé titulaire le 1er septembre 1882, quatre mois après ma rentrée j'ai passé de 1re classe le 1er août 1885, l'année du choléra.

Avant la vision et foi exemplaire dans une vision, rue des Hommes, n· 5, le 22 juin 1884, j'arrive chez moi à midi, lorsqu'après avoir dîné je ne savais plus où me mettre tellement que mon esprit était tourmenté ; mon épouse me dit il te faut monter sur la terrasse et tu verras que ça te passera, arrivé sur la terrasse avec mon épouse je me suis couché sur une couverture en regardant le ciel, lorsque tout à coup je vois venir du côté de l'Orient un nuage au firmament qui ressemblait à une fumée et se répandit sur la ville de Marseille.

A l'instant des hirondelles qui voltigeaient dans les airs sont descendues sur la terrasse, rasant presque ma tête en gazouillant leur air habituel, j'en informe ma femme que bientôt il y aurait du nouveau dans Marseille et ailleurs, attendu que ce que je venais de voir m'annonçait bien des choses et que Dieu me les révélerait bientôt.

Dans la nuit du 22 au 23 juin, vers les trois heures du matin, dans une vision que Dieu me fit apparaître étant dans mon lit, j'ai rêvé que deux hommes me frictionnait pour me guérir du choléra qui venait de s'emparer de moi, et malgré tous les soins que ces deux hommes déployaient à mon égard, je rendis l'âme et aussitôt mort je vis au pied de mon lit mon épouse en compagnie d'autres femmes du quartier, qui priaient à genoux.

A l'instant Dieu est rentré dans ma demeure par une petite porte qui communique à mon appartement, il était entouré de flammes, il vint sur mon lit et allongeant le bras me dit : « Fournet, lèves-toi, « je te l'ordonnes » ; aussitôt je me redresse et assis sur mon lit, mon épouse et ses compagnes qui priaient, s'enfuirent dans la rue (de la frayeur) et Dieu me dit alors pour la deuxième fois : « Fournet, lèves-toi, prends ton pantalon », et une fois debout, pour la troisième fois : « Fournet, place-toi près de moi, à ma droite, et « fais comme moi, allonge, étend ta main sur la terre ». Je fis comme lui, et pour la quatrième fois me dit : « Il y aura le « choléra » !

Trois jours après, c'est-à-dire le 26 juin, le choléra éclata à Marseille et ailleurs.

Je puis dire ainsi que mon épouse, que malgré que dans le quartier et dans la maison il y a eu beaucoup de victimes de ce fléau, Dieu nous en a délivré, sans que nous ayons eu un seul instant abandonné notre demeure pour échapper au danger qui sévissait avec rage dans notre quartier, la plupart avaient abandonné la ville et malgré leur fuite, le choléra les avaient atteint en route.

Deuxième exemple réel dans une vision que j'ai eu, rue des Honneurs, dans ma demeure, le 2 mai 1885, entre trois et quatre heures du matin, dans mon lit ; je rêvais que trois hommes allongeait sur moi un drap mortuaire, je leur demandais pourquoi cette cérémonie, un des trois hommes me répondit : c'est vrai, tu n'es pas mort, mais il faut que tu meure ou ta belle-mère.

Je m'éveille, j'appelle ma femme et je lui demande lequel des deux elle préférait qu'il meure, moi ou sa mère.

Elle me répond carrément que s'il fallait que je meure pour sauver sa mère, elle préférait que ce soit sa mère qui meure que son mari. Aussitôt je lui répond : tu as gagné, je vivrai.

Trois jours après (le 3 mai), je reçus une dépêche de La Ciotat, où mon beau-père m'informait de me rendre de suite chez lui avec mon épouse, m'annonçant que son épouse Marie-Élisabeth Cour-Dromeng venait de se tuer en se jetant sous les roues de la machine du train express parti de Marseille le 5 mai à 9 heures 40, qu'elle avait quitté le domicile pendant que lui et ses deux filles étaient sorties pour aller attendre ce train dans la colline, entre Cassis et la gare de La Ciotat à onze heures et, chose remarquable, en attendant le train elle avait eu le soin et pour ne rien faire connaître d'arracher d'herbe, qu'elle voulait se suicider, si toutefois quelqu'un l'avait surveillée.

De suite je fis part à l'oncle Dromeng, boucher, rue du Grand-Puits, 4, à Marseille, du malheur qui venait de nous arriver et qu'il fallait partir de suite pour La Ciotat, je lui montrai la dépêche de mon beau-père me priant de venir avec ma femme.

Mon oncle me fit observer que puisque ma femme était enceinte de sept mois de me bien garder de la mener, pour voir sa mère, que dans la situation critique où elle se trouvait pourrait se trouver mal en voyant sa mère dans le cercueil coupée en morceau.

Je dis alors à ma femme de rester à Marseille auprès de sa tante Rosa Dromeng, Auguste, attendu que la vue du cadavre de sa mère pourrait lui troubler le sang. Enfin Dieu a voulu la convaincre, malgré qu'elle voulait venir à toute force.

J'arrive à La Ciotat à 3 heures, le 5 mai, avec mon oncle avant l'enterrement et partout sur notre passage nous entendions dire, quelle destinée pour cette femme de s'être ainsi jetée sous les roues de la machine d'un train, quelle souffrance elle a dû endurer malgré qu'elle a dû être vite broyée.

Nous arrivons chez mon beau-père, nous lui demandons où l'on avait déposé le cadavre, il nous répond que les autorités l'avaient fait transporter à l'amphithéâtre de l'hospice de La Ciotat dans un cercueil, car elle était horrible à voir de la manière qu'elle avait été charcutée par les roues de la machine.

Nous nous sommes rendus à l'amphithéâtre pour voir ma belle-mère. A notre arrivée j'ai soulevé le couvercle du cercueil et quand j'ai vu ce cadavre coupé en morceaux, les pièces étaient entrées dans les chairs encore sanguinolentes, je n'ai pu m'empêcher d'adresser à Dieu quelques prières pour le repos de son âme, me rappelant les souffrances qu'elle avait endurées pendant sa vie.

« Mon Dieu tout puissant, quelle destinée pour cette femme sur « la terre pour qu'elle ait été poussée à se suicider de la sorte à « l'âge de 55 ans, après avoir abandonné son mari et ses deux « jeunes filles » en leur disant : je vais jusque-là pour prendre le soleil, son petit chien Fidèle l'avait suivie, fut obligé de se retourner, elle l'avait chassé pour qu'il retourne à la maison et pour qu'elle puisse mieux accomplir son funeste projet.

En outre d'élever ses trois enfants, elle en nourrissait d'autres pour faire honneur à sa famille, elle a gardé son mari huit ans malade, étant à Aubagne.

C'est là qu'elle s'est épuisée et pour comble de malheur, après avoir tant travaillé elle s'était économisé mille francs qu'elle s'était placé à la Caisse d'Épargne, elle les retira pour plaire à son mari pour les prêter à une femme pour empêcher une saisie, et comme récompense tout fut perdu pour elle et ses enfants.

Aussi après, que de peines et de souffrances pour rattraper pareille somme, car malgré sa bonne volonté et celle de son épouse et toutes leurs privations, ils n'ont pu rien économiser. Mon Dieu pardonnez-là, si malgré toutes les peines qu'elle a enduré sur la terre, de vous avoir offensé.

Après l'enterrement mon oncle repartit pour Marseille et moi je passais la nuit chez mon beau-père pour le consoler ainsi que ses deux filles, Joséphine et Justine.

J'ai voulu coucher dans le lit de la malheureuse où elle y avait couché la veille lorsque vers les onze heures, ne pouvant pas dormir tellement j'étais tourmenté, mon esprit était préoccupé, je dis à mon beau-père, il faut que j'éclaire une veilleuse pour pouvoir m'endormir.

Vers les trois heures du matin, j'entendis un mouvement à la porte d'entrée comme une personne qui avait ouvert la porte, j'écoute et j'entend mon beau-père qui pleurait comme un enfant, je lui dis qu'il fallait se consoler, il me dit que sa pauvre femme venait de se présenter devant lui disant de la pardonner qu'elle s'était détruite, car elle ne pouvait plus tenir tellement elle souffrait, elle lui dit tu regarderas dans le placard, tu y trouveras deux pièces de vingt sous pliées dans du papier rose dans la tabatière de ton père, tu me feras dire une messe, et disparut.

Alors le beau-père a appelé sa fille Joséphine, cherchèrent et trouvèrent la tabatière telle que l'avait désigné la morte, et huit jours après le décès, moi et ma femme nous nous rendîmes a La Ciotat pour la messe de sortie de deuil.

III

Troisième fait remarquable

Le 5 juin 1885, c'est-à-dire un mois après, je fus commandé par le sous-inspecteur Michel pour aller avec lui, accompagné de mes collègues, faire une patrouille dans les environs du Canet et de la Belle-de-Mai, lorsque le soir avant de partir de chez moi de la rue des Honneurs, j'ai voulu m'assurer si mon revolver fonctionnait bien pour en cas de besoin; j'avais prévenu ma femme de s'éloigner de moi, vu que lorsqu'on touche des armes à feu on est jamais assez prudent; ma femme ne s'est pas plutôt éloignée que le chien de mon revolver s'abat, le coup part et la balle après avoir ricoché contre le mur, en me contournant, est venu blesser ma femme au genou droit (enceinte de 8 mois).

Aussitôt mon épouse jette un cri si fort disant : je suis blessée à mort, sa petite sœur qui était près d'elle se tourne vers moi en pleurant et s'écrie : Ah! Fournet, vous avez tué ma sœur; moi, supposant que c'était vrai, je dépose mon revolver sur la table; j'étais désespéré, je me mets à genoux près de ma femme, en disant : « Mon Dieu tout puissant, veuillez, je vous prie, qu'elle ne « soit pas morte », et en cherchant l'endroit où ma femme était blessée, je vois du sang couler de son genou; aussitôt je remerciai Dieu d'avoir exaucé ma prière, sans cela j'étais un homme perdu, j'étais au désespoir. Je dis à ma femme de marcher pour voir si elle ne serait pas estropiée. Elle marchait très bien et je lui dis : malgré tour nos malheurs Dieu nous a sauvé, elle fut guérie après le 15 juillet, après être restée alitée.

IV

Quatrième Fait exemplaire

Quatre jours après que ma femme fut blessée (12 juin 1885), jour du Sacré-Cœur-de-Jésus, je fus commandé de service à l'église de la Blancarde pour y maintenir l'ordre, lorsque tout à coup fixant l'horizon du côté de La Ciotat, il me vint à l'esprit que chez mon beau-père il était encore arrivé un malheur. Je cherchais à chasser cette idée loin de moi, et malgré çà mon esprit me disait toujours que si ; le lendemain je reçus une lettre de ma belle-sœur Joséphine qui me disait que le jour du Sacré-Cœur-de-Jésus, son père lui avait dit, pendant qu'il dînait : dis-moi, Joséphine, je ne sais pas ce qu'il doit m'arriver aujourd'hui, mais mon idée me dit de ne pas aller travailler cet après-dîner, alors sa fille lui dit : Eh bien, mon père, n'y allez pas, il pourrait parfois vous arriver malheur ; le père reprend : oui, ma fille, mais tu sais bien que lorsqu'on est malheureux, il faut souvent travailler malgré soi, et le malheureux a voulu aller travailler quand même.

En arrivant à l'atelier, le premier travail qu'il a voulu faire, est en ramenant un poids de 500 kil. avec un palan, la corde casse, lui tombe sur le bras droit et le lui brise en trois endroits, ce fut par miracle qu'il ne fut pas tué sur le coup, et le pauvre homme pour guérir de ses blessures est resté cinq mois après les malheurs qui l'avait déjà frappé.

V

Cinquième Fait exemplaire

Le 31 juillet de la même année, les douleurs de l'enfantement prirent à ma femme à quatre heures du matin. Malgré Mme Capus, accoucheuse et plusieurs femmes du quartier, mon épouse, malgré les douleurs et les souffrances, l'enfant ne pouvait venir à bien. Voyant que mon épouse ne pouvait plus supporter les douleurs qui l'accablait, je priai l'accoucheuse de me dire la vérité, car je voyais le danger augmenter et me disait : Fournet, je suis perdue. N'écoutant que mon courage et ma foi, je pris une médaille de la Vierge que j'avais trouvée rue Tapis-Vert, un matin en allant à l'enterrement de la cousine de M. Durbec, sous-inspecteur des voitures ; je la plaçai sous ses jupons et me mettant à genoux près d'elle, implorant Dieu de bien vouloir exaucer la prière que je lui offrais, et que l'enfant et la mère fussent sauvés.

Au moment où je priais, l'enfant est venu à bien, et de la joie que moi et mon épouse nous en avons éprouvé, nous en avons pleuré adorant le Dieu tout puissant qui nous avait fait la grâce que l'enfant vit le jour, il était tout noir d'asphyxie.

VI

Sixième Fait exemplaire

Le 1er août 1885, le lendemain que ma femme fut accouchée, je montais la rue du Saint-Esprit, lorsque je me suis trouvé en face de la Morgue le choléra me prend, et me voyant perdu, je me mis à crier à des femmes qui étaient devant leurs portes à prendre le frais de m'apporter vite un verre d'eau-de-vie ; à ce mot, toutes les femmes s'enfuirent de frayeur, excepté une à qui je dois la vie, car malgré qu'elle tenait son enfant dans ses bras, s'empressa de vite courir me chercher un verre d'eau-de-vie, qu'aussitôt bu me ranima. Arrivé à la maison, pour ne pas effrayer ma femme qui était alitée à la suite de ses couches, je ne lui ai rien dit, mais aussitôt après avoir quitté mes effets de gardien de la paix, je me mis à écrire pour remercier cette brave femme et lui offrir le paiement du verre d'eau-de-vie qu'elle m'avait donné, mais elle n'a pas voulu accepter.

En retournant chez moi, arrivé sur la place des Moulins, le choléra m'a encore repris, je saute dans un parterre, il y avait des fleurs rouges, j'en cueillis une et le choléra m'a passé; arrivant à la maison, j'ai montré cette fleur rouge à mon épouse et lui demandant où elle voulait que je mette cette fleur, elle me répondit : mets-là dans le berceau de l'enfant, après avoir un peu hésité je l'ai mise.

Après mon dîner je retournai à mon service, lorsque vers les six heures du soir, de retour chez moi, le choléra me reprit plus fort, c'était pour la troisième fois et me voyant encore perdu, je dis à ma femme je vais un peu à la rue pour prendre le frais ; arrivé dans la rue des Honneurs, le choléra augmentait que plus fort, alors je descends vers la cathédrale de la Major, où j'ai salué un cholérique que l'on portait au cimetière et moi j'étais déjà à moitié asphyxié par ce fléau. Je fus an bord de la mer, aux Pierres-Plates et là, je fis cette prière à notre Seigneur Jésus-Christ et à Dieu : « Mon « Dieu tout puissant, créateur du ciel et de la terre, maître absolu « de vos enfants, accordez-moi, au nom de notre Seigneur Jésus-« Christ votre cher fils bieu aimé, la vie pour ma femme, car si je « venais à mourir que deviendrait-elle avec notre enfant. Mon Dieu « si vous voulez mon enfant, prenez-le ; mais surtout sauvez-moi « ainsi que mon épouse pour continuer à vous aimer sur la terre, « car mon Dieu si elle mourait que ferais-je sur la terre avec mon « enfant ? je ne serais jamais qu'un gros misérable sans repos jus-« qu'à la mort, pour qu'il ne fasse pas comme tant d'autres misé-« rables, abandonné par suite de misère ».

Tout à coup, une femme me voyant aussi près de la mer, j'avais déjà les yeux hagards, ne sachant plus ce que je faisais, elle me dit : courage, monsieur Fournet, Dieu, par votre foi, vous délivrera du choléra et presque aussitôt je me suis trouvé mieux, elle me fit prendre un verre de Fernet-Branca.

Arrivé chez moi ma femme me demanda d'où je venais, que malgré les recherches qu'elle avait fait faire à la femme de garde elle n'avait pu me trouver ; pour ue pas l'effrayer je lui ai encore caché ce qui venait de m'arriver, alors mon épouse et la garde m'ont dit : Ah ! que vous sentez à la moutarde, qu'avez-vous donc fait ? Je leur dis que Dieu du haut du ciel m'avait protégé et délivré de la mort par cette poudre pour chasser le choléra loin de moi.

Oui, mais les chagrins n'avaient pas encore disparus de ma pauvre demeure, car huit jours après que j'étais à peu près rétabli de ma maladie, la chaleur surprit ma femme dans son lit, et plus de lait pour nourrir son enfant; à cause de cette maladie il m'a fallu chercher une nourrice à n'importe quel prix, en ayant trouvé une dans un bureau de placement à raison de 50 francs par mois, je l'emmène chez moi pour qu'elle enlève l'enfant de dessous les yeux de ma femme, de le voir ça la rendait que plus malade.

J'ai accompagné l'enfant et la nourrice jusqu'à Sainte-Marguerite. A mon retour, voyant ma femme encore bien malade, elle ne pouvait rien prendre sans rendre tout et que le médecin ne pouvait rien faire pour la soulager; ne sachant de quel côté donner de la tête Dieu m'inspira de monter à Notre-Dame-de-la-Garde prier auprès de la Vierge bien aimée de son fils pour obtenir la guérison de ma femme. Après avoir fait ma prière et avoir déposé un cierge auprès du Christ et de la Vierge Marie, j'ai regardé l'heure, il était onze heures du matin.

Revenu chez moi j'ai demandé à ma femme si elle se trouvait mieux, elle me dit que vers les onze heures elle avait pu prendre un bouillon. J'en ai remercié Dieu et la Vierge Marie d'avoir exaucé ma prière.

Dieu m'inspira de la purger, malgré que l'accoucheuse et le médecin me l'avait défendu, aussitôt qu'elle fut purifiée elle a bien mangé et a été guérie. Lorque le médecin et l'accoucheuse sont venus chez moi et qu'ils ont appris cela, ils ont dit à ma femme votre mari en sait plus que nous.

Mais comme e lle était pauvre de sang et qu'elle n'avait presque pas de lait, j'ai laissé l'enfant chez la nourrice et le 1er septembre, quinze jours après la guérison de ma femme, je reçus une lettre de la nourrice qui m'informait que mon enfant ne pouvait plus têter, qu'il était presque mort.

Aussitôt je pars pour Sainte-Marguerite et je ramène l'enfant et la nourrice chez nous et je lui dis ainsi qu'à ma femme que, si l'enfant devait mourir je préférais qu'il meure chez moi. Après avoir combattu la mort de mon enfant pendant deux jours, rien ne lui faisait, je monte de nouveau à Notre-Dame-de-la-Garde et lui adresse les mêmes prières pour lui que celles que j'avais adressées pour la mère, et écrivant même sur le livre des prières de Notre-Dame-de-la-Garde, rien ne lui fit et il est mort le 3 septembre, âgé de 35 jours, un jeudi à 7 heures 1/2, à la même heure qu'il était né, sur mes genoux, et au moment ou il expirait, une voix dit à l'oreille de ma mère, à Razac-sur-l'Iste, à 200 lieues de Marseille, l'enfant de Fournet vient de mourir.

On l'a enterré le 4 septembre à 2 heures de l'après-midi, au cimetière de Saint-Pierre, au carré 18, tranchée 61, piquet 13.

En revenant du cimetière, j'ai trouvé ma femme qui pleurait, je lui dis de se consoler car si Dieu nous avait enlevé notre enfant, il me dirait pourquoi avant peu, lorsque dans la nuit, vers les trois heures du matin, étant dans mon lit, je ne dormais pas, une voix me dit à l'oreille : si je t'ai enlevé ton enfant tu sauras pourquoi le 20 de ce mois.

En effet, le 20 je l'ai su, car il me fallait payer encore le mois de nourrice et comme j'étais endetté déjà de partout d'après tous les malheurs que j'avais supporté moi et mon épouse, nous serions été des gros malheureux tant que notre enfant aurait été en nourrice.

Le 25 septembre même mois, mon frère Justin, que je n'avais vu depuis vingt ans est arrivé chez moi venant de Buenos-Ayres, il me donna 200 francs après lui avoir expliqué tous les malheurs qui nous étaient arrivés ; de cette somme j'en ai payé mes dettes en sa présence, il n'a pu s'empêcher de pleurer.

Aussitôt j'ai rendu grâce à Dieu de m'avoir délivré de tant de malheurs que j'avais supporté patiemment, à Marseille comme ailleurs. Je n'ai pu m'empêcher de faire connaître à Sa Sainteté le Pape Léon XIII, par une lettre que je lui ai adressée le 20 octobre 1885.

VII

Lettre adressée au Général Boulanger, de Marseille, rue de Cassis, n° 11, à Clermont-Ferrand, le 14 Juillet 1887, par Fournet, Michel.

Mon Général,

« Dieu m'oblige aujourd'hui de vous écrire cette lettre pour vous « dire que le mercredi des Cendres de cette présente année, entre « quatre et cinq heures du soir, étant couché dans mon lit, chez « moi, rue de Cassis, n° 11, chez M. Espied, près du Prado, à Marseille, un peu avant ce grand tremblement de terre qui se fit ressentir sur tout le globe.

« Dans une vision que Dieu me fit apparaître, j'ai vu deux soldats « français, baïonnettes au canon qui conduisait un Monsieur vêtu « de noir entre les deux ; après les avoir suivis de loin pour m'assurer où ils allaient, tous les trois sont entrés à l'église Saint-Adrien,

« au Prado. Après avoir demandé à ces militaire quel était cet « homme, qu'ils conduisaient ainsi dans cette église, ils m'ont ré- « pondu que c'était le Sauveur de la France.

« A l'instant ce Monsieur s'est retourné pour connaître la per- « sonne qui avait parlé, en me voyant il est venu s'asseoir auprès « de moi et après lui avoir demandé qui il était, il m'a répondu : Je « suis venu en France pour la sauver. A ce moment, j'ai demandé à « ce Monsieur de bien vouloir me montrer sa cuirasse et son bou- « clier, après j'ai vu ses jambes toutes noires, il s'est mis à pleurer, « moi également et tout a disparu. Lorsqu'à mon réveil j'ai informé « mon épouse Alexandrine que Dieu venait de me faire apparaître « une vision pour me faire connaître qu il avait fait naître un « homme en France pour la relever dans tout et pour tout, mais que « je ne saurais pas encore qui il serait.

« Dans la journée, étant sur le bord de la mer, près de Bonne- « veine (Marseille), me trouvant fort tourmenté de cette vision que « j'avais eu, j'appelai deux messieurs et je leur expliquai tous ces « faits ; un des deux m'a répondu que c'était le Général Boulanger, « de suite mon esprit fut tranquille ».

Lorsque le 14 juillet 1887, Dieu me força l'esprit de lui écrire ceci :

« Général Boulanger, à partir d'aujourd'hui, à Clermont-Ferrand « ou ailleurs, teuez vous sur vos gardes, car bientôt vous serez des- « titué de Grand Officier ; après, vous serez traqué, bafoué, mé- « prisé, mais ne craignez rien, ayez foi en Dieu et il vous protégera « contre vos ennemis et vous reviendrez plus grand que ce que vous « croyez, car Dieu vous a destiné pour sauver la France.

« Conservez ma lettre de ce jour, afin qu'un jour vous et le peuple, « vous puissiez reconnaître que Dieu a voulu que je sois votre pro- « phète et celui de la France.

« Votre dévoué et respectueux serviteur, Fournet, Michel, rue de « Cassis, n° 11, à Marseille (Bouches-du-Rhône ».

Marseille, le 14 Juillet 1887.

VIII

CHANT PATRIOTIQUE

AU GÉNÉRAL BOULANGER

Par Fournet, Michel, le 13 Juillet 1889, rue Eydoux, sur les Écoles de Marseille.

« Je déclare que M. Francy de Géronnez a composé la musique

« sur ces paroles, pour laquelle je lui ai signé un billet de ma « main ».

PREMIER COUPLET

Allons soldats de la France entière,
Le jour de la revanche est arrivé.
En avant nos lignes guerrières
Pour sauver la France mutilée,
Toujours menacée depuis plusieurs années
Par tous ses ennemis les plus acharnés
Pour revenir sans Boulanger,
La ravager, la lapider.

Refrain :

Aux armes, aux armes, appelons le Général Boulanger,
Marchons. marchons, courons à frontière,
Boulanger le grand guerrier nous fera triompher. *(bis)*

DEUXIÈME COUPLET

Français, arrivez aux champs de bataille ;
Ayons la foi et Dieu nous conduira
Pour braver tous nos ennemis.
En face de la mitraille,
Nos ennemis ont pour consigne terrible
De faire tous leurs efforts
De nous combattre jusqu'à la mort.
Sachons appuyer notre armée invincible.

Refrain : Aux armes, aux armes, etc...

TROISIÈME COUPLET

Pour nous, soldats, quel beau jour de gloire
Si nous gagnons cette grande victoire.
Nos enfants garderont sous leurs yeux
La trace de leurs pères victorieux.
Nous verrons à travers le monde
Fuir nos ennemis, loups immondes,
Honteux de leurs tristes exploits
Comme des cerfs aux abois.

Refrain : Aux armes, aux armes, etc...

QUATRIÈME COUPLET

Braves guerriers, la guerre terminée,
Vous chanterez en chœur dans vos foyers
Cette nouvelle *Marseillaise*
Au grand Général Boulanger,
Que Dieu dans sa grandeur a fait naître
Pour reprendre l'Alsace et la Lorraine,
Lesquelles. lasses d'être prisonnières,
Tendent les bras à notre armée guerrière.

Refrain : Aux armes, aux armes, etc...

IX

VOICI L'HEURE DES BIENFAITS

dédiée aux peuples de la Terre, par Fournet, Michel, le 1er Septembre 1888, rue Eydoux, n° 2, sur les Écoles de Marseille.

PREMIER COUPLET

Peuples, mettez bas les armes,
Du courage et plus d'alarmes,
Plus de récriminations.
Que le Dieu des destinées
Nous donne d'autres armées,
Des hommes sans pression
Par lui mis à la raison.

Refrain :

Écoutez-donc, enfants des lois,
Gardez pour vous cette devise :
Comme nos pères d'autrefois,
Aimons le droit et la franchise.

DEUXIÈME COUPLET

Rassures-toi, terre aimée,
Dans cette lutte acharnée
Que le temps viendra calmer,
Phalanges dénaturées
Seront tous exterminées.
La faulx qui doit moissonner
Saura bien nous délivrer.

Refrain : Écoutez-donc, etc...

TROISIÈME COUPLET

Quelle est donc ta destinée?
Réponds, femme infortunée ;
Tu répands la charité
Et cette sœur délaissée
A nos pieds est affaissée
Et l'on voit l'Autorité
Envahir la Liberté.

Refrain : Écoutez-donc, etc...

QUATRIÈME COUPLET

Parlez, peuples de la terre,
Vous avez partout un frère,
Peuples faisons la paix:
Plus de guerres acharnées
Et nos soldats de l'armée
Viendront toujours mettre la paix.
Voici l'heure des bienfaits.

Refrain : Écoutez-donc, etc...

X

AUX TERRASSIERS DE LA FRANCE

Chant Populaire

Par Fournet, Michel, le 15 Octobre 1888, rue Eydoux, sur les Écoles de Marseille

PREMIER COUPLET

Ah ! dans tes guerres acharnées
Bon terrassier console-toi,
Car c'est le Dieu des destinées
Qui veillera toujours sur toi.
Sois toujours fort, irrésistible,
En ce lâche régime d'argent,
Afin que dans ces tristes temps
Tu deviennes seul invincible.

Refrain :

Relève-toi chère patrie,
Demandes au Christ sa protection ;
Crois en lui, car sa faulx bénie
Supprimera la corruption.

DEUXIÈME COUPLET

Laboureur; traçant ton sillon,
Arme-toi de tout ton courage ;
Puis en attendant la moisson
Travaille enfin à ton fourrage
Pour que tes bœufs à ta charrue
Soulèvent fort la terre dure
Et qu'ainsi, grâce à ton labour,
Ton grenier s'emplisse à son tour.

Refrain : Relève-toi, etc...

TROISIÈME COUPLET

Aux vignerons de la Dordogne :
Vois, tes barriques à nouveau
Se rempliront jusqu'au haut.
Le travail seul est le grand maître,
Sans lui, vois-tu, pas de grandeur,
Pas de héros, pas de bonheur.

Refrain : Relève-toi, etc...

XI

LE PROPHÈTE DES FRANÇAIS

Par Fournet, Michel, le 31 Octobre 1888, rue Eydoux, n° 2, sur les Écoles de Marseille

Français, vous avez un nouveau prophète en France, envoyé pour votre délivrance et si vous croyez à ses paroles, il détruira les serpents qui nous ravagent depuis longtemps et si vous méprisez ses écrits et ses nobles paroles que Dieu lui inspire à chaque instant, Dieu vous enverra encore des serpents pour vous ravager et de la souffrance vous tirerez la langue sans pouvoir vous défendre.

Ah ! pauvres Français, si vous connaissiez cet homme charitable, vous admireriez ce pauvre vénérable qui combat depuis sa naissance pour le droit et la justice sans parti-pris ni malice et, pour le récompenser, partout en France, on se moqua de sa franchise comme de ses paroles.

Pauvre prophète, qui a vu tant de tempêtes dans ta patrie et en traversant les ondes pour connaître le monde.

Pauvre enfant, malgré ton père, ta mère si noble, qui est chez les Petites-Sœurs des Pauvres, à Périgneux, depuis l'année 1887, où la pauvre femme depuis la mort de son mari fut réduite à la misère sans que son enfant malgré son bon cœur qu'il a toujours eu pour sa mère, n'a jamais pu la délivrer, faute d'argent, ce qui réjouit les malheureux et les riches sur la terre.

Si un jour les Français abandonnent le Prophète de lumière, l'étranger le louera, le beau temps reviendra comme à l'époque du Christ, que de tous côtés on ne voyait que prospérité.

FOURNET, MICHEL.

XII

Dépêche envoyée à Bruxelles, le 8 Avril 1889, de la rue Eydoux. n. 2, au-dessus des Écoles de Marseille, au Général BOULANGER, par Fournet, Michel, avec l'intermédiaire du Directeur du **Soleil du Midi** *de Marseille, pour lui dire ceci :*

« MON GÉNÉRAL,

« Aujourd'hui invoquez le Tout Puissant qui vous guide sur la « terre pour échapper à tous vos ennemis, qui vous tendent des « pièges.

« Croyez aussi à notre Prophète qui réclame votre appui, votre « bras et votre épée pour la France, car Dieu tout puissant vous « délivrera aujourd'hui malgré vos ennemis, en vous ouvrant la

« porte d'une autre frontière, malgré qu'en Belgique, de concert « avec vos ennemis de France, veulent vous livrer.

« Votre ami dévoué pour la vie,

« FOURNET, MICHEL ».

XIII

Lettre envoyée à M. Ernest VAUGHAN, le 25 Juillet 1889, par Fournet, Michel, de la rue Eydoux, n. 2, sur les Écoles de Marseille, pour faire parvenir à M, Henri ROCHEFORT, à Londres.

« Monsieur Henri ROCHEFORT, Directeur en chef « de l'*Intransigeant*,

« J'ai l'honneur de vous informer que le 25 juillet 1889 de cette « présente année, une lettre anonyme fut adressée contre moi à M. « le Commissaire central de Marseille, et voici le relevé de cette « lettre :

« Monsieur le Commissaire Central, Marseille,

« Depuis quelque temps et malgré les lois votées par les Cham- « bres, les crieurs de journaux continuent comme par le passé, à « assourdir les habitants par leurs cris et l'annonce des articles « contenus dans ces journaux.

« Il y en a même qui annoncent ces articles en termes méprisants « pour le Gouvernement et si quelques citoyens se permettent de « leur faire des observations, ils sevoient de suite accablés d'iujures ; « c'est écœurant et cela se passe sous les yeux des agents qui ont « l'air de ne pas entendre et qui se contentent de faire les endormis.

« Pas plus tard qu'hier à 1 heure 1|2, dans la rue Cannebière, « deux vendeurs criaient à tue-tête : l'*Intransigeant !* Lisez l'article « à sensation du citoyen Rochefort, le Gouvernement des voleurs, « et l'agent Fournet, Michel, portant le n. 90 était là, mais il s'est « bien gardé de dire quelque chose, quoique ce soit, il faisait la « causette sur la porte de M. Bel, bijoutier. Ces choses-là doivent « cesser, c'est à vous, chef de la police qu'incombe ce soin. J'es- « père avec tous les citoyens paisibles que vous y mettrez bon ordre.

« Veuillez agréer, Monsieur le Commissaire Central, l'assurance « de mon respect. « L. C. ».

« Eh bien, Monsieur Henri Rochefort, je vous assure que tout ce « que dit cette lettre contre moi est absolument faux, attendu que « jamais aucun crieur de journaux n'a crié devant moi que l'intitulé « du journal ou bien l'article de son auteur tel qu'il est dit dans le « Règlement.

« Moi je crois que l'auteur de cette lettre anonyme savait sans « doute que je travaillais depuis longtemps pour le Général Bou- « langer et qu'il a cherché à me tendre un piège pour me faire ren- « voyer de mon emploi de Gardien de la paix et comme punition « mc changer de quartier en me mettant au boulevard du Musée « pour faire courir les marchandes ambulantes, après huit ans de « seɹvice et âgé de 39 ans

« Je suis toujours, Monsieur Henri Rochefort, votre dévoué ser- « viteur.

« FOURNET, MICHEL ».

XIV

Lettre adressée à plusieurs Directeurs de journaux : boulangiste, royaliste et bonapartiste, le 15 Août 1889, de Marseille, rue Eydoux, n. 2, au-dessus des Écoles de Marseille, par Fournet, Michel.

« MONSIEUR LE DIRECTEUR,

« Si c'est un effet de votre bienveillance de publier dans votre aimable journal ma lettre de ce jour : »

« Pour faire connaître au peuple français que malgré la condam- « nation du Général Boulanger et la pression des journaux oppor- « tunistes fassent la guerre à outrance au Général, ainsi qu'à ses « amis, au comte de Paris et au prince Victor de ne pas s'effrayer, « ils feront tout ce qu'ils pourront, même au péril de leur vie pour « tâcher de changer vos idées pour voter contre le Général Bou- « langer et ses amis.

« Rappelez-vous des Parisiens qui, malgré la pression et la « tyrannie votèrent tous en masse pour le rendre victorieux sur ses « ennemis, qui voulaient l'anéantir le 27 janvier 1889.

« Ils se sont rappelé cette glorieuse parole immortelle que le « Christ dit devant ses juges : si l'homme n'est pas une girouette à « tous les vents lorsq u'il aura dit oui ce doit être oui et lorsqu'il « aura dit non, ce doit être non.

« Car nos pères d'autrefois étaient ainsi, ils n'écoutaient per- « sonne que leurs idées et leur conscience, malgré les canons et les « baïonnettes braquées sur leurs poitrines, lorsqu'il s'agissait de « soutenir le droit et la justice et je pense que si vous aimez votre « patrie vous ferez de même, pour délivrer ces pauvres martyrs qui « ont été trahis et vendus par des ingrats pour revenir encore au « pauvoir. Ils savent bien d'avance qu'en le condamnant malgré « qu'il ne soit pas coupable, le peuple ne l'abandonnera pas.

« Eh bien Français, jugez que d'après vos votes, puisque vous
« avez le pain et le couteau pour vous en servir, faites-le délivrer
« cet homme et ses amis. Dieu veut que nous le délivrions pour
« sauver la France, car il est destiné dès le sein de sa mère, pour
« la fin du dix-neuvième siècle, et si vous l'abandonnez, plusieurs
« de vous, qui l'auront délaissé tireront la langue avant des années.

« FOURNET, MICHEL ».

XV

LE PROPHÈTE ET POÈTE

DE LA FRANCE ET DU GÉNÉRAL BOULANGER

Fait par Fcurnet, Michel, le 30 Juillet 1889, rue Eydoux, n° 2 sur les Ecoles de Marseille

Dieu aime la France et son poète,
Il a fait naître pour son prophète
Au Gay, près de Razac, sur la montagne
Où sa passion des moutons dans la campagne
Il aimait à contempler les nuages de passage.
Qui semblait lui dire : « Quitte ton village,
« Pauvre enfant! part, va, traverse l'onde,
« Pour instruire le peuple, le monde! »

France, Dieu veille sur toi et son prophète,
Bientôt apparaîtra une nouvelle planète
Qui doit éclairer le globe, l'univers,
Car en France tout marche de travers:
Et pour en finir et sans révolution,
Les peuples, fatigués, aspirent à l'union
Avant de s'entr'égorger, pauvres soldats!
Plutôt mourir dans les combats.

Ecoutez, peuple, généraux et soldats.
Quand vous serez au champ du combat,
Ayez la foi et Dieu vous guidera
Pour sauver la France d'un horrible trépas.
Dieu du ciel, voit ceux qui désirent la guerre,
Mais croyez, enfants, ne leur profitera guère.
En Francs, Dieu m'a désigné pour vous consoler,
D'en finir promptement ou bien il faut désarmer.

Electeurs, rappelez-vous les élections législatives,
Que si Boulanger est condamné par les chétifs,
Avant le 22 septembre, c'est à vous de comprendre
Qu'ils veulent s'en défaire sans rien entendre,
Pour que vous disiez, le jour des élections
A la Nation, faut oublier sans rémission
Le général Boulanger, car s'il été condamné
Par la Haute-Cour, c'est qu'il l'a mérité.

Misérables électeurs qui avez abandonné
Ce brave général avec plusieurs de ses compagnons.
Que Dieu avait désigné, en ce siècle damné,
Pour sauver la patrie en danger. Des nations
Qui guettent le moment avec leurs armées
Pour se jeter sur la femme comme des lions acharnés,
Et dire que des électeurs d'entre vous, au lieu de le délivrei
Vous l'avez combattu avec le Parlement pour le chasser.

FOURNET, MICHEL.

XVI

HYMNE IMMORTELLE

au souvenir de la France à l'étranger

Faite le 12 août 1889, rue Eydoux, n. 2, sur les Ecoles des Frères de Marseille, par Fournet, Michel.

PREMIER COUPLET

Sénateurs, députés et Haute-Cour volages,
Tenaces infâme et contre Boulanger,
D'une ignoble terreur, d'un indigne tapage,
Vous emplissez la France et l'étranger.
Si vous le condamez, prévoyez les orages :
Le peuple, les nations. le monde entier
Vous traitere de bandits; de Kabyles sauvages,
D'avoir ainsi brisé ce fier guerrier.

Refrain

Allons, courageux défenseurs,
Pour combattre les oppresseurs,
Soyons unis, nobles enfants,
Malgré eux nous serons triomphants.

DEUXIÈME COUPLET

Députés, créateurs de tout ce verbiage,
Pour combattre le peuple et Boulanger,
Vous préparez, maudits, un horrible carnage
Sans pudeur et sans crainte du danger,
Et jaloux de celui qui ne veut d'esclavage
Voua tressez tout pour le faire égorger.
Mais grâce à lui, enfin, défions leur servage,
Et la France saura le retrouver.

Refrain, Allons, courageux, etc.

TROISIÈME COUPLET

A Bruxelles, parti naguère avec courage.
Pour ses amis évitant le danger,
Il peut à l'aise braver ces cœurs pleins de rage
Qui l'eusrent sûrement fait égorger.
Pour nous, Français, quel heureux présage
Qu'on ait pu de ces gredins déjouer

Les actes odieux et leurs vils tripotages,
Et conserver le bras du brave Boulanger.

Refrain, Allons, courageux, etc.

QUATRIÈME COUPLET

Traqué comme un lion sans merci ni partage,
Par amour de la paix il est parti.
L'Anglais tous les jours lui rend hommage.
Car légalement il défend son parti.
Constans, contrairement aux principes du sage,
Cherche tous les jours à ternir ses lauriers.
Heureusement pou. nous l'histoire, notre gage,
Marquera de sa griffe ces meurtriers.

Refrain, Allons, courageux, etc.

CINQUIÈME COUPLET

Malgré vous, gens boîteux et vilains personnages,
Il reviendra bientôt pour nous sauver,
Etablir parmi nous une République sage,
Baisser l'impôt dont nous sommes écrasés
Et punir sans pitié les auteurs du gaspillage,
Des parjures, des gâteux et des tarés,
Qui contre tout enfin dans cet aréopage
Nous rendent chaque jour plus écœurés.

Refrain, Allons, courageux, etc.

SIXIÈME COUPLET

Jour heureux, jour béni, centenaire sublime.
Qui verra un jour le débarras,
Grave-toi dans notre âme et qu'au fond de l'abîme
Qu'ils se creusent si bien, nous les voyons bien bas.
Paris, le grand Paris, le verra bientôt sans tapage,
Malgré la police passera la frontière,
Couvert de lauriers sous un épais feuillage,
Malgré ses ennemis l'armée sera fière.

Refrain, Allons, courageux, etc.

SEPTIEME COUPLET

Pour l'homme, partout le peuple à son passage
Formera la barrière et viendra l'acclamer.
Préparons donc pour lui le jour du nettoyage.
Français, n'hésitons pas, saluons Boulanger !
Libérateur sublime et tout pour la Patrie;
Depuis qu'il a parlé, chacun le suit plus fort.
Nous pouvons regarder cette Alsace chérie,
Avec lui l'armée imitera Denfert à Belfort!

Refrain, Allons, courageux, etc.

HUITIÈME COUPLET

Haut les cœurs, Français, que la France soit fière
D'avoir le général Boulanger, homme sans peur,
Pour nous conduire un jour à la frontière,

Car avec lui l'armée bravera l'imposteur.
Réclamons avant le danger, pour la Patrie,
Ce bras vengeur qu'on a voulu meurtrir.
C'est par jalousie qu'il a supporté tant d'infamies,
C'est pour lui et la France qu'il nous faut mourir.

Refrain, Allons, courageux, etc.

FOURNET, MICHEL.

XVII

MEMOIRE

des Electeurs de la France entière

Le 22 Septembre 1889 aux élections législatives, par Fournet, Michel

Misérables électeurs de la France entière, pourquoi voter contre Boulanger et ses amis, pour voter encore de nouveau pour ceux que tu critiquais depuis longtemps!

Ah! pauvre électeur, qui a voté contre Boulanger et ses amis, tu croyais sans doute bien faire, pauvre insensé, et aujourd'hui tu commences déjà â connaître que tu as mal fait d'avoir écouté ceux qui te disaient : « Pourquoi voter pour Boulanger? puisqu'il a été condamné la par Haute-Cour, c'est qu'il est coupable; eh bien, il faut l'abandonner! »

Ah! électeurs, il est bien vrai que toutes fois que lorsqu'en France un homme tel que Boulanger a cherché à améliorer le sort des malheureux, au lieu de le comprendre pour le délivrer par vos bulletins de vote, puisque la loi vous ordonne que vous pouvez voter, votez alors pour le général Boulanger.

Mais tu as préféré voter encore pour celui que tu critiquais depuis si longtemps; pauvre électeur, girouette à tous les vents. c'est par les promesses qu'on t'a faites que tu as oublié cet homme et ses compagnons.

Vois, aujourd'hui que tu commences à tirer la langue, pauvre malheureux; eh bien, si tu souffres c'est de ta faute, car la France est perdue sans le général Boulanger au jour du danger.

FOURNET, MICHEL.

XVIII

LE PROPHÈTE

Parlant aux nouveaux députés le 11 octobre 1889.

PREMIER COUPLET

France, vénérable patrie,
Contre toi quelle tyrannie!
Par la division de tes enfants
Tu souffres bien des tourments.

DEUXIÈME COUPLET

Vénérable, quelle histoire
Un jour, je crois, hélas! sans gloire
Si le grand prophète d'Orient
Pour toi retire son bras vaillant,

TROISIÈME COUPLET

Ah! France, si tu es méprisée,
La faute est à ta liberté,
De souffrir chez toi l'étranger
Qui chaque jour veut t'égorger.

QUATRIÈME COUPLET

Depuis quelque temps, pauvre enfant,
Chez toi quelle amère destinée
D'avoir brisé ce pauvre innocent,
Lequel est toujours ton bien-aimé.

CINQUIÈME COUPLET

Pauvre, tu n'en est pas la cause
Et tu en supportes la dose
Malgré tes enfants, prends courage,
Tes élus briseront l'orage.

SIXIÈME COUPLET

France, admire tes beautés,
Quoique tes enfants entêtés
Le monde dit que tu pleures
Ces braves hors de ta demeure.

SEPTIÈME COUPLET

Pour être condamné, qu'a-t-il fait?
C'est de n'avoir parlé que bienfaits.
C'est aux députés du Parlement,
Qu'ils doivent le délivrer promptement.

HUITIÈME COUPLET

Et le grand prophète d'Orient
Veillera sur vous au Parlement,
Et vous bénira parmi le monde
D'avoir sauver celui de Londres.

NEUVIÈME COUPLET

Car le prophète de lumière,
Ne voit plus en France que ténèbres
Si ce condamné avant longtemps
Etait abandonné par les gouvernements.

DIXIÈME COUPLET

Oui, amis des lois, ayez pitié
De ce méprisé, qui est bafoué
Pour avoir aimé la justice,
Pour ce motif subit le supplice.

ONZIÈME COUPLET

Dieu m'inspire pour vous dire
Que cet homme est un martyr,
Et la nation sera en danger
Si vous ne délivrez pas Boulanger.

DOUZIÈME COUPLET

Quelle histoire honorable,
Sur vous, députés vénérables,
Si vous délivrez ce brave
De la chaîne qui l'entrave.

TREIZIÈME COUPLET

Le Prophète croit et déclare
Que les députés du Parlement
Doivent pour l'honneur et la gloire,
Grâcier ce condamné promptement.

QUATORZIÈME COUPLET

Dieu nous unira dans la nation
D'avoir relevé sans discrétion
Cet homme que Dieu a destiné
Pour la République bien-aimée.

QUINZIÈME COUPLET

Hélas ! que de lâches trahisons
Vont se montrer bientôt à l'horizon,
Si la parole du prophète est méprisée
D'avoir annoncé déjà partout la vérité.

FOURNET, MICHEL.

XIX

SOUS LA TROISIÈME RÉPUBLIQUE

Paroles de Fournet, Michel

I

Pauvre gardien fidèle, esclave et mercenaire,
Qui est méprisé par la ville entière.
Courage contre tes ennemis pleins de vice,

Puisque Dieu t'a destiné sans malice
Pour soutenir le droit avec confiance,
En ce siècle rempli de souffrance,

II

Gardien, l'hiver approche, nul ne pense à toi,
Sauf celui qui du haut du ciel veille sur toi
Pour que nul ne te jette la pierre,
Car ici-bas il n'y a plus que ténèbre
D'avoir mieux aimé la Tour Eiffel
Que de glorifier le Dieu éternel.

III

Misérable, verse pour ta faible retraite,
Sur tes vieux jours, prends garde aux traîtres
Qui ne t'enlève malgré ta conduite
Pour un simple fait te diront prends la fuite.
Malgré ta vieillesse, pauvre prolétaire,
Pour te consoler, tu ramperas la terre.

IV

Toi qui combat pour le droit et la foi,
Pour la France il en faudrait beaucoup comme toi.
Sans rémission fait connaître à la nation
Qu'il faut pour vivre en France l'union,
Pas de commérage ni de bavardage
Comme font aujourd'hui les hommes, quel dommage!

V

Pauvre enfant, puisque tu aimes la France,
Je t'oblige d'écrire sur ton livre, d'avavce,
Pour les prévenir de respecter ta noble parole,
S'ils ne veulent pas être rayé du contrôle.
Un jour tu seras glorifié par ton exemple.
Comme nos pères firent du Christ dans le temple.

FOURNET, MICHEL.

XX

Lettre adressée à Sa Majesté Madame Victoria, Reine d'Angleterre· le 15 Octobre 1889, de la rue Eydoux, n· 2, sur les Écoles de Marseille, par Fournet, Michel.

« Dieu m'inspire aujourd'hui d'envoyer cette lettre à Votre Majesté, pour annoncer clairement à Votre Excellence que le gardien Michel Fournet, né le 1er septmbre 1850 à cinq heures du soir, au village du Gay-de-Razac-sur-l'Isle, canton de Saint-Astier, arrondissement de Périgueux (Dordogne), fils de Jean Fournet, garde-champêtre et de Marie Simon.

« Fait connaître à Votre Altesse que je suis entré dans la police de Marseille le 24 avril 1882 et le 25 juin 1889 je fus appelé par ordre de M. le Commissaire central, pour être interrogé par son Secrétaire, qui m'annonça qu'un ancien Gardien de la paix, révoqué de la police de Marseille, m'avait dénoncé à M. le Ministre de l'Intérieur pour avoir composé deux chansons au Général Boulanger.

« Et que M. le Ministre demandait un rapport pour connaître dans quel but je m'étais permis de composer des chansons au Général Boulanger? Ça ne venait pas de moi, attendu que le 19 février 1887, jour des Cendres, entre quatre et cinq heures du matin, étant couché dans mon lit, rue de Cassis, n° 11, chez M. Espied, près du Prado de Marseille, un peu avant ce grand tremblement de terre qui se fit ressentir partout sur la terre. Dieu me dit dans une vision : le 14 Juillet 1887 de cette année, tu écriras une lettre au Général Boulanger, à Clermont-Ferrand et tu lui diras : Général, à partir de ce jour, soit à Clermont-Ferrand ou ailleurs, tenez-vous bien sur vos gardes, car vous serez bientôt destitué de grand officier et après vous serez traqué, bafoué et méprisé comme le Christ, jusqu'à être mis en prison ; mais ne craignez rien, ayez seulement la foi en Dieu, il vous protègera contre vos ennemis, car Dieu vous a destiné en France pour y remettre la lumière et la balance de la justice et si le peuple vous abandonne après que vous aurez été jugé à faux, j'enverrai toutes sortes de fléaux en France, sur toute la nation pour qu'ils reconnaissent tous avec vous que Dieu vous a envoyé pour mettre d'accord plusieurs misérables quî se sont egaré du droit chemin depuis des années en suivant les exemples et les principes qui n'aiment que la corruption et craignent de faire ainsi un homme politique en ce siècle.

« Et tu lui diras qu'il conserve ta lettre de ce jour remarquable, pour que lui et le peuple te reconnaissent tous ensemble pour être leur prophète et celui de la France.

« Après avoir ainsi causé clairement à ce Secrétaire, il me dit que si j'étais révoqué de mon modeste emploi de Gardien de la paix pour un fait semblable, malgré ma conduite en France, il n'y aurait plus de foi ni d'humanité.

« Aussitôt j'informai ce Secrétaire qui, si j'étais révoqué pour avoir obéi à la parole de Dieu, du haut du ciel il crierait vengeance sur la France et sur la nation, d'avoir révoqué sans pitié un pauvre gardien fidèle qui aime sa Patrie, est toujours exact à ses devoirs, malgré qu'il soit esclave et mercenaire depuis huit ans, qu'il verse à la caisse municipale de Marseille pour sa faible retraite.

« Je termine ma lettre dans l'espoir que Votre Majesté remplie d'humanité aura pitié de moi et de mon épouse pour m'accorder sa haute et brillante protection auprès des autorités de Marseille pour que je ne sois jamais révoqué, car je suis sans fortune et je n'ai plus personne pour me prêter protection, si ce n'est celui qui du haut du ciel veille sur moi et je pense que vous, aimable Reine d'Angleterre, vous en ferez de même.

« Je suis et resterai toujours ainsi que mon épouse, votre respectuéux dévoué et obéissant serviteur pour la vie.

« FOURNET, MICHEL ».

XXI

Discours sur la tombe de ma belle-sœur

Fournet, Michel, déclare que le 25 octobre 1889, parti de chez lui, rue Eydoux, n° 2, sur les Écoles, pour aller à La Ciotat assister à l'enterrement de sa belle-sœur, Marie Dromeng, âgée de quinze ans, morte à l'hôpital de cette ville le 24 octobre, à la suite d'un refroidissement en allant se baigner accompagnée des sœurs de l'hospice.

Voici les paroles que je prononçai sur sa tombe à 6 heures du soir :

« Mes Sœurs et Mesdemoiselles de l'Hospice, Messieurs les ouvriers des ateliers de La Ciotat, je vous remercie de la bonté que vous avez eu à l'égard de cette pauvre enfant, âgée de quinze ans; vous avez daigné vous déranger de votre travail pour l'accompagner à sa dernière demeure, suivis de ses parents qui l'aimaient.

« Et vous, mes Sœurs, je vous remercie des soins et du zèle que vous avez déployés pour cette enfant que Dieu avait destiné pour mourir à la fleur de l'âge dans votre hospice charitable, que son père avait mis sous votre protection pour se dégager de la misère.

« Adieu, pauvre enfant, que Dieu t'embrasse pour moi puisque je n'ai pu t'embrasser durant ta maladie, lorsque tu étais encore de ce monde, à l'Hospice de la Ciotat. Aussitôt que j'ai eu prononcé ces paroles, j'ai vu sur la même tranchée, dans le haut, une lumière qui descendait du ciel.

« FOURNET, MICHEL ».

XXII

La Puissance de Dieu

La puissance de Dieu a rejailli sur moi le 2 décembre 1889, dans la rue Eydoux, à midi et demie. Après avoir dîné, je quittai ma femme et ma demeure pour me rendre chez Buffalo-Bills qui venait de l'Exposition Universelle ; il s'était installé au rond-point du Prado pour y donner des représentations, à cheval, monté par des Américains, ses compatriotes et des Peaux-Rouges.

Lorsque je quittai ma demeure et que j'entrai dans la rue Eydoux je suis tombé à genoux à la suite d'un coup de sang qui s'était porté au cœur et je croyais être perdu.

Aussitôt, je regardai le ciel en demandant à Dieu qu'il me délivre de la mort du sépulcre ; à ce moment arrive en courant une femme charitable du quartier qui me fit boire un verre d'arquebuse et aussitôt avoir bu ce verre, j'ai dit je suis sauvé : mais on avait prévenu ma femme qui vint en courant toute affolée en pleurant et disant : mon Dieu, mon Dieu, mon mari. Aussitôt je la regarde et lui mettant ma main sur sa tête, je lui dis : ne pleure pas, car Dieu m'a délivré de la mort et ensuite je fus prendre mon service, en louant Dieu de m'avoir sauvé.

FOURNET, MICHEL.

XXIII

Le commérage engendré dans les ménages

Hélas ! pauvre enfant, que de paisibles ménages se trouvent perdus aujourd'hui, par des femmes, en quittant leur demeure pour aller bavarder plusieurs heures chez leurs voisins, y parlant des uns et des autres plutôt que de rester dans leur ménage pour y vivre en paix, pour chasser et éloigner de chez soi tous ces portefaix qui ne demandent qu'à te rendre comme eux et après, pauvre enfant, tu dirais : c'est honteux !

Marseille, le 1er Janvier 1890. FOURNET, MICHEL.

XXIV

Marseille, le 8 Janvier 1890.

MON GÉNÉRAL,

« Dieu m'inspire aujourd'hui de vous écrire cette lettre pour vous souhaiter une bonne et heureuse année, accompagnée de plusieurs autres.

« Et que Dieu exauce tous les vœux que je forme ponr vous, afin que vous puissiez, mon Général, surmonter tous vos ennemis en 1890, qui ont tout fait pour vous perdre.

« Mais le Dieu des armées est arrivé à temps pour vous délivrer de leurs mains meurtrières, comme je vous l'avais dit dans ma lettre du 14 Juillet 1887, dans ma lettre où je vous disais : « après que vos ennemis vous auront persécuté jusqu'à être mis en prison, mais « de ne rien craindre, d'avoir seulement la foi en Dieu et vous « reviendrez en France plus grand que ce que vous ne croyez, car « Dieu vous avait destiné en France pour y remettre la justice, la « balance et la lumière, que vous conserviez ma lettre du 14 Juil- « let 1887 pour qu'un jour vous puissiez reconnaître vos amis et vos « ennemis, que Dieu m'avait destiné pour être votre prophète, celui « de la France et du monde ».

« Voyez, mon Général, si Dieu crie vengeance du haut du ciel sur la terre comme j'avais dit dans ma lettre qu'il ferait en 1889. après les élections du 22 septembre, où je disais sans crainte dans ma lettre que si le peuple, c'est-à-dire la majorité du peuple abandonnait le Général Boulanger, et ses amis après qu'il aura été condamné au lieu de le délivrer pour l'amour de Dieu et pour le peuple sage qui aime le droit et la franchise, Dieu du haut de son trône allait crier vengeance comme depuis longtemps il n'avait pas fait et que tant que vous resteriez proscrit hors de notre patrie, et si le Parlement qu'une partie du peuple a rendu encore puissant par leur pression et leurs intrigues, qui est revenu encore en majorité contre mes principes et contre une partie du peuple, ne délivre pas avant longtemps avec nos amis de la chaîne qui nous entrave, toutes sortes de fléaux que Dieu commence d'envoyer n'auront pas encore fini.

« Et s'ils ne veulent pas vous délivrer malgré tous les exemples qu''ils voient depuis quelque temps, qu'ils vous ont condamné, persécuté, sans pitié, à cause qu'une partie du peuple les a encore rendu triomphants sous le poids de leur influence, par suite que leurs cœurs et leurs consciences sont volages à tous les vents. Malgré eux, Dieu nous délivrera, mon Général, car il le veut.

Votre dévoué et respectueux serviteur pour la vie entiërs.

FOURNET, MICHEL.

Rue d'Alger, n° 17, à Marseille.

XXV

Marseille, le 14 Janvier 1890.

A SA SAINTETÉ LÉON XIII,

« Aujourd'hui Dieu m'inspire d'écrire cette lettre à Votre Éminence, pour vous souhaiter une bonne année accompagnée de plusieurs autres ainsi qu'à votre entourage.

« Je fais connaître à Votre Sainteté que le 7 janvier courant, à 3 heures du matin, Dieu me fit apparaître dans une vision une grande planète du côté de l'Orient, dans le ciel, entre l'Espagne et l'Afrique ; cette planète était bien plus grande que le soleil qui nous éclaire, ses rayons étaient si grands que le globe terrestre était par moment éclairé. Après avoir bien remarqué, j'ai constaté que les rayons éclairaient davantage la France que partout ailleurs.

« A ce moment, joyeux de voir uee si grande planète devant mes yeux rayonnants, j'appelai plusieurs personnes qui étaient couchées en leur disant : Messieurs, venez vite, pour voir l'exemple de Dieu, qu'il me fait apercevoir du haut du ciel sur la terre.

« Et pendant que ces personnes regardaient avec moi cette planète, un drapeau français a entouré cette planète et aussitôt je me suis éveillé en adorant Dieu de m'avoir ainsi fait apparaître un si grand signe pour dire au peuple que puisqu'il aimait les ténèbres, Dieu enverrait bientôt la vérité sur la terre par sa grande lumière.

« Et puisque le peuple, c'èst à-dire une partie du peuple a préféré faire renaître encore ceux qui déjà depuis longtemps avaient eu l'audace de diffamer les ont encore nommés députés en croyant perdre le Général Boulanger et ses deux compagnons, en votant contre lui et ses amis.

« Eh bien, si le nouveau Parlement est encore en majorité contre les principes de ce brave que Dieu a destiné en France pour faire renaître la justice, la balance et la lumière ne le délivre pas avant longtemps de la chaîne qui l'entrave ainsi que ses deux compagnons, Dieu va crier vengeance comme il n'a encore jamais fait sur la nation, car malgré eux il reviendra, Dieu le veut.

Je termine ma lettre pour Son Éminence, en restant toujours sincère et respectueax serviteur.

FOURNET, MICHEL.
Rue d'Alger, n. 17, à Marseille.

XXVI

Le Prophète des Lumières

Né en France, en 1850, le 1er septembre, déclare, d'après les paroles du Créateur des merveilles suprêmes, que tant que son bien aimé exilé ne sera pas délivré, toutes sortes de fléaux vont redoubler plus graves que jamais en 1890.

Marseille, le 21 Janvier 1890. FOURNET, MICHEL.

Vous pouvez publier sans crainte de vous tromper, les paroles que Dieu m'a dictées.

XXVII

Prières du Nouveau Prophète et Poète

Depuis le 2 décembre 1889, où Dieu m'a fait revivre après être tombé d'une attaque dans une rue de Marseille, à midi et demie :

Notre Père qui êtes aux cieux, que votre nom soit sanctifié, que votre règne arrive sur la terre comme au ciel ; donnez-nous aujourd'hui notre pain quotidien, pardonnez nos offenses comme nous pardonnons, ne nous laissez pas succomber à la tentation, mais délivrez-nous du mal: Ainsi soit-il.

Je crois en Dieu le Père tout puissant Créateur du ciel et de la terre, en Jésus-Christ son fils unique notre Seigneur, qui a été conçu du Saint-Esprit, est né de la Vierge Marie, a souffert sous Ponce-Pilate, jugé et crucifié par des Judas sans pitié, mort et enseveli, descendu aux enfers, est ressuscité le troisième jour d'entre les monté au ciel où il est assis à la droite de Dieu père tout puissant d'où il viendra bientôt pour juger les ingrats ennemis de la foi.

Je me confesse à lui et à la bienheureuse Marie toujours vierge, Saint-Michel archange, Saint-Pierre, Saint-Paul, à tous les Saints et à vous, mon Père, que j'ai beaucoup péché par pensées, par paroles, par actions, par omissions; c'est par ma faute, par ma très grande faute.

C'est pourquoi je prie la Bienheureuse Marie toujours vierge, Saint-Michel archange, Saint-Jean-Baptiste, les apôtres Saint-Pierre, Saint-Paul et à tous les Saints et à vous Seigneur de prier pour moi, que le Seigneur notre Dieu nous accorde le pardon, l'absolution, la rémission de tous nos péchés et ceux de la chair. Ainsi soit-il.

ACTE D'OFFRANDE

Mon Dieu tout puissant, au nom de votre cher Fils notre Seigneur Jésus-Christ, je vous offre toutes mes souffrances, mes peines que j'ai en ce monde, mon travail, mes actions, mes pensées, mes paroles, que je prononce chaque jour pour l'amour de vous, en soutenant votre justice.

ACTE D'ESPÉRANCE

Mon Dieu j'ai un grand regret si je vous ai offensé, par paroles, par pensées, par actions; mon Dieu pardonnez-moi si j'ai péché contre vous et contre mon prochain.

ACTE DE CONTRITION

Mon Dieu exaucez ma prière de ce jour, pour que je puisse devenir de jour en jour plus grand de foi et d'esprit pour que je ne puisse jamais être maudit ni persécuté dans ma patrie et ailleurs, pour avoir combattu pour vous dans le chemin de la vérité, par la foi de mon enfance.

ACTE DE FOI

Mon Dieu bénissez-moi en ce monde et dans l'autre afin que durant ma vie que j'ai à passer ici bas sur la terre qu'aucune main meurtrière ne puisse lever la main sur moi et sur mon épouse, pour nous frapper; ainsi qu'à tous ceux qui ont foi en vous.

Croyons enfants de la terre qu'autrefois sous le règne d'Hérode, l'Ange de Dieu annonça à Marie qu'elle concevrait dans son sein l'Enfant-Jésus par la puissance de Dien.

Je vous salue Marie pleine de grâce, Dieu est avec vous, vous êtes bénie entre toutes les femmes, Jésus le fruit de vos entrailles est béni.

Je vous salue Marie, priez pour nous, maintenant et à l'heure de notre mort. Ainsi soit-il

Voici la servante de Dieu Père tout puissant : qu'il me soit fait selon ta volonté.

Je vous salue Marie pleine de grâce. Dieu est avec vous, vous êtes bénie entre toutes les femmes, Jésus le fruit de vos entrailles est béni.

Je vous salue Marie, priez pour nous maintenant et à l'heure de notre mort. Ainsi soit-il.

Votre cher Fils s'est fait homme comme nous et le peuple méchant de ce temps-là, malgré ses paroles et ses vertus, l'ont condamné et crucifié malgré Ponce-Pilate, qui ne voulait pas.
Sainte Mère de Dieu, intercédez pour moi, mon épouse et tous les autres de la terre qui auront la foi de croire en vous auprès de votre cher Fils, Notre Seigneur Jésus Christ.

Je vous salue Marie pleine de grâce, Dieu est avec vous, vous êtes bénie entre toutes les femmes, Jésus le fruit de vos entrailles est béni. Ainsi soit-il.

Je vous salue Marie, priez pour nous, maintenant et à l'heure de notre mort. Ainsi soit il.

Mon Dieu Seigneur Jésus-Christ, soyez mon avocat, celui de mon épouse et de tous ceux qui croiront en vous sur la terre, afin que par l'intermédiaire de votre Mère vous puissiez intercéder pour nous auprès de votre cher Père, Créateur du ciel et de la terre, maître suprême des merveilles sublimes visibles et invisibles à nos yeux. Ainsi soit-il.

Mon Dieu tout puissant, Créateur du ciel et de la terre, maître suprême, au nom de votre cher Fils notre Seigneur Jésus-Christ, recevez aujourd'hui, en ce siècle maudit, rempli de tyrans comme du temps du Christ, pour que votre serviteur, Fournet, Michel, à qui vous avez déjà parlé plusieurs fois, puisse être avec son épouse ainsi que tous vos fidèles être épargnés contre toutes sortes de maladies, mort subite et de la famine, contre la guerre et les révolutions que vous allez faire apparaître bientôt sur la terre.

Préservez-nous contre les hommes de ce siècle, afin que par la prière de votre prophète, aucun homme méchant, traître ou Judas, possédé du diable et du démon s'enfuient loin de moi et de ma demeure comme au dehors, afin que malgré leurs intrigues, ils ne puissent corrompre ceux qui vous adorent. Ainsi-soit-il.

Fait à Marseille, le 1er Février 1890.

FOURNET, MICHEL.

XXVIII

Marseille, le 1er Mars 1890.

« MA TRÈS CHÈRE MÈRE,

« Ton fils bien aimé et son épouse Alexandrine qui t'aime, habitant Marseille depuis notre mariage.

« Aujourd hui Dieu m'ordonne de t'écrire pour te souhaiter une bonne année bien accompaguée de plusieurs autres.

« Et que Dieu veuille que ton fils et ta belle-fille, que tu n'a pas encore vue, nous puissions te voir ensemble en bonne santé, car Dieu est grand.

« Ma chère Mère, je ne suis pas riche, tu le sais, mais je te fais parvenir cinq francs pour aider à te consoler chez les Petites Sœurs des Pauvres à Périgueux.

« Tu connais mon cœur que j'ai eu pour toi dès mon enfance, car si j'avais pu faire autrement, je t'aurais prise avec moi.

« Mais que veux-tu puisque Dieu nous a ainsi destinés, comme nous disait toujours mon défunt père, il faut se croire bien heureux en ce siècle de pouvoir manger un morceau de pain honnêtement.

« Adieu, ma chère Mère, envoie-nous ta bénédiction de ta demeure afin que Dieu bénisse ton fils ainsi que son épouse Alexandrine Dromeng.

« Ton fils qui t'embrasse ainsi que sa femme d'une amitié sincère et cordiale pour la vie entière.

FOURNET, MICHEL.

Rue d'Alger, n° 17, à Marseille.

XXIX

A Monseigneur l'évêque de Périgueux.

« MONSEIGNEUR,

« Pardonnez-moi, mon Père, si votre serviteur, Fournet, Michel, né au village du Gay, près Razac-sur-l'Isle, près de Périgueux, en 1850, le 1er septembre.

« Vient prier Son Eminence de faire parvenir cette lettre à sa mère chez les Petites Sœurs des Pauvres à Périgueux, pour lui remettre cette petite somme pour la satisfaire en cas de besoin.

« Je termine ma lettre en étant toujours, Monseigneur, votre dévoué et respectueux fidèle serviteur pour la vie entière.

« FOURNET, MICHEL. »

Rue d'Alger, n° 17, à Marseille.

Marseille, le 1er Mars 1890.

XXX

Exemple d'un pauvre chien

Vers les 5 heures du soir, étant de service sur le haut du boulevard du Musée, en face l'Ecole des Beaux-Arts et Bibliothèque de la Ville, lorsque vint à passer près de moi un enfant de 14 ans avec un chien de luxe, qui avait grand'peine à suivre cet enfant pour cause d'infirmité et par suite de vieillesse.

Et pour comble de malheur ce pauvre chien était borgne de l'œil gauche et de l'autre il n'y voyait guère.

Après avoir interrogé cet enfant, d'où il tenait ce chien, il m'a déclaré l'avoir trouvé dans la rue du Marché-des-Capucins et, sans le connaître, l'avait suivi, ce qui indique que ce chien était perdu.

Aussitôt j'ai demandé à cet enfant ce qu'il allait en faire, il m'a répondu qu'il n'en voulait vu qu'il était trop vilain.

A ce moment plusieurs personnes se rassemblent autour de moi, lorsque je dis à cet enfant que si personne ne le recueillait, ce pauvre chien était sûr et certain qu'il serait perdu totalement et que peut-être son maître le cherchait.

Malgré ces paroles, voyant que personne ne voulait ce chien, et qu'au contraire chacun disait qu'il n'était bon à rien, qu'il était borgne d'un œil et infirme de vieillesse, ce qui faisait croire que son maître devait l'avoir mis à la porte pour le perdre.

Voyant la réponse de tous ces gens-là ainsi que de l'enfant, aussitôt j'ai dit : « Eh bien, puisque personne ne le veut pour l'empêcher qu'il ne meure de faim ou autre, moi je le retire dans ma demeure et, si son maître vient le réclamer, j'ai donné à l'enfant mon adresse, rue d'Alger, n° 17. »

Arrivé chez moi, j'ai recommandé à ma femme de bien soigner ce chien quoiqu'il soit infirme et vilain, car une idée me disait que son maître le cherchait.

Trois jours après la dame Delphine, sa maîtresse, demeurant rue du Chevalier-Roze, n° 23, ayant appris par l'enfant ou toute autre personne que je lui avait remisé son chien, son Kroumir, de tous dangers, s'empressa, et avec joie, de venir chez moi chercher son chien fidèle, sans vouloir accepter aucune récompense pour moi. Exemple pour les gens d'aujourd'hui, en ce siècle maudit, que outre d'un chien, laissent des pauvres gens mourir de faim.

Que de carresses de la part de ce pauvre chien pour me témoigner sa reconnaissance, sans parole et malgré sa vieillesse, borgne, infirme et vilain.

FOURNET, MICHEL.

Marseille, le 8 Février 1890.

XXXI

Vision de 19 vaches, le 19 Février 1890

Vers les trois heures du matin, dans une vision que j'ai eu dans la nuit, le jour des Cendres. Je me trouvais dans ce songe sur la route de Saint-Pierre à Marseille; tout à coup je me suis trouvé en présence d'un homme en civil bien mis, auprès d'un chêne, qui, sans me connaître, m'a soutenu de toutes ses forces. Pour quel motif? Je disais à tout le monde qui me parle, que Dieu s'occupait dans toutes les affaires des gouvernants, comme de celles des peuples.

J'ai aussitôt informé cet homme que, sans crainte de me tromper, sur la terre comme dans le ciel rien ne se passe sans que Dieu n'y mette la main.

D'après ma réponse cet homme s'est écrié avec violence et méchanceté : « Vous n'êtes qu'un ignorant sur la terre de me parler ainsi, car Dieu ne s'occupe nullement du peuple ni des gouvernements, attendu qu'il n'existe pas. Car s'il y avait un Dieu les affaires en souffrance depuis longtemps marcheraient mieux. »

Voyant cet homme aussi méchant par son incrédulité et sa mauvaise foi, malgré la lumière qui brillait au-dessus de sa tête en éclairant l'Univers, et laquelle n'est assujettie et guidée que par Dieu lui-même.

Je lui ai dit : « Eh bien, puisque vous êtes assez misérable de ne pas croire malgré mes paroles nobles et sublimes, regardez le Ciel. A ce moment le ciel s'est ouvert en deux et s'est refermé aussitôt.

A ce moment une grande palme est apparue dans le ciel partant du Levant, allant vers le couchant, laquelle a fait le cercle sur la France en se retirant vers l'Angleterre.

Cet homme, voyant ce prodige ainsi devant mes yeux et les siens, eut un remord de conssience, tomba à genoux en courbant le front et aussitôt il me dit : « Vous avez raison ! » Et cet homme a aussitôt disparu ainsi que le chêne.

Ensuite s'est montré à mes yeux 19 vaches parmi lesquelles il y en avait dix de bien maigres, tandis que les autres étaient grasses avec des mamelles pleines de lait et elles se montaient les unes sur les autres, et, près d'elles, il y avait des voitures et des omnibus, et lorsque j'ai eu bien fini tout a disparu.

Mais aussitôt il est tombé du ciel plus de 100.000 cavaliers à cheval tout habillés de rouge et en guise de sabre ils avaient tous des palmes à la main ; ils combattaient ainsi sur la terre et moi j'arrive ayant une branche de laurier, je fus vainqueur et je m'éveillai.

Voici, d'après moi, ce que signifie ce songe :

1° Le chêne qui a disparu représente la force ;

2° L'homme qui a contesté et disparu, c'est le gouvernement ;

3° Le ciel qui s'est ouvert en deux, c'est le chemin de la vérité ;

4° La Palme qui est apparue dans le ciel, c'est celui qui doit gouverner et qui est en exil ;

5° Les 10 vaches qui étaient bien maigres, c'est 10 mois de grandes misères ;

6° Les 9 vaches grasses qui se montaient les unes sur les autres, c'est 18 ans de prospérité dans le nouveau règne ;

7° Les cavaliers, c'est la révolution et la guerre ;

8° Les omnibus, les chars de l'abondance ;

9° Et moi qui suis le dernier, représente la gloire de Dieu.

FOURNET, MICHEL.

XXXII

Voyage de M. Carnot à Marseille

Fait exemplaire d'après une vision que Fournet, Michel eut en sa demeure, rue d'Alger, n° 17.

Le 13 avril, vers les trois heures du matin, je me trouvai au milieu d'un rassemblement de personnes qui attendaient l'arrivée de

M. Carnot, Président de la République Française, qui venait à Marseille pour la première fois.

Lorsque tout à coup Dieu s'est montré à mes yeux au-dessus d'un grand catafalque criant à un homme qui tenait une clef à la main : « Ouvre ! » Aussitôt la pluie s'est mise à tomber tellement que la foule courait pour chercher un abri.

Au même instant un inconnu s'approche de moi et me remet une grande canne que j'ai oubliée auprès d'une fontaine.

En même temps je me suis vu cerner par cinq gros bœufs dont un ne voulait pas me laisser passer, mais après avoir prié le berger qui les surveillait, il m'a répondu : « Passe ! »

Aussitôt ma femme m'a demandé où j'avais déposé la canne qu'on venait de me donner, je lui ai répondu : « Va la chercher auprès de la fontaine. »

La vérité est que Dieu voulut me faire connaître trois jours d'avance que lorsque M. Carnot arriverait dans Marseille, il ferait pleuvoir sur lui et sur la foule pour indiquer que malgré qu'un homme soit Président ou Roi d'uue nation, il y a un être suprême, maître éternel sur la terre comme aux cieux.

En effet, le 16 avril, à 5 heures 50 du soir, étant de service avec plusieurs autres compagnons pour le maintien de l'ordre à la gare, devant une entrée magnifiquement décorée.

Fait remarquable : Aussitôt que M. Carnot eut mis pied à terre, que les cloches sonnaient à toutes volées et que le canon de Notre-Dame-de-la-Garde résonnait, la pluie commençait à tomber tellement fort qu'à partir de la gare jusqu'à la préfecture, la foule qui était sur la place pour l'acclamer fut mouillée malgré leurs parapluies.

Moi, qui escortait avec mes camarades M. Carnot, nous n'avions pour nous couvrir que notre capuchon sans manteau, jugez dans l'état que nous étions.

Mais, chose plus remarquable, c'est le lendemain 17 avril, à onze heures du matin, lorsque M. le Président fut arrivé à l'Hôtel-Dieu ; son valet qui le suivait me confia son manteau avec son parapluie, ainsi que le burnous du général Brugère, son aide-de-camp.

Deux éclairs suivis d'un fort coup de tonnerre se fit entendre, aussitôt la grêle et la pluie tombaient si fort, accompagnées d'un vent si terrible, que plus de 60 personnes qui étaient sur la terrasse d'une maison en face l'Hôtel-Dieu pour saluer M. Carnot, eurent leurs parapluies retournés et se sauvèrent.

Voici l'exemple que Dieu donne au sujet qu'il avait signé les poursuites du général Boulanger en 1889.

FOURNET, MICHEL.

Marseille, le 18 Avril 1890.

XXXIII

Paroles offertes à Dieu le jour de Pâques 1890 sur le bord de la mer, près de Bonneveine, à Marseille.

Mon Dieu, veuillez entendre ma voix aujourd'hui et les paroles que je vous offre, pour que vous puissiez me donner la force et le courage afin que je puisse surmonter tous les ennemis qu'il y contre moi dans la ville de Marseille et ailleurs.

Car la persécution infâme qui m'accable m'a forcé de jurer contre vous aujourd'hui malgré moi. Vous me pardonnerez ainsi que mon épouse dans notre demeure et dans n'importe quel lieu que nous soyons.

Contre tous nos péchés et les Judas, race infâme, afin que malgré la méchanceté qu'il y a en ce siècle de débauche, à la suite d'avoir trop toléré le peuple dans le vice, et maintenant pour l'empêcher, il faut renouveler le peuple. Voilà, hélas! le châtiment.

Mon Dieu qu'il approche : soit par la guerre ou tout autre évènement pour former une nouvelle génération plus croyante envers l'éternel et à son prochainr

Et que votre serviteur et son épouse soient sous votre garde.

FOURNET, MICHEL.

XXXIV

LUMIÈRE DE DIEU

I

Ah! pauvres gendarmes et gardiens de la paix,
Malgré vous, vous n'êtes que des portefaix.
Ainsi que l'armée aux yeux du Créateur
D'avoir entravé cette grève d'honneur.
Vous et l'armée bientôt, pauvres enfants,
Vous serez vaincus malgré vos commandants.

II

Oui, gendarmes, gardiens et soldats fidèles,
Dieu ne veut plus de vos armes cruelles.
Il faut que ca finisse dans toutes les nations.
Pour abolir les armes et les inventions
Avant la fin de ce siècle tout sera bouleversé
Voilà ma devise : « Croyez et vous verrez. »

III

Bientôt quel démembrement, mes enfants,
Ici sur la terre, dans quelque temps,
Sans Boulanger, vénérable frère,
Songez à la frontière, de notre ami sincère,
S'il n'est pas rendu à notre nation
Bientôt ce sera notre perdition.

FOURNET, MICHEL.

XXXV

Paroles prononcées par Fournet, Michel, le jour de l'Ascension

Pour les hommes sérieux et amis sincères qui voudront bien avoir pitié de la pauvre destinée qu'il a eu de tracer en 1889 et 1890 d'écrire ce livre immortel sous l'inspiration divine, pendant ses repos quoique étant malheureux pour faire connaître bientôt à tous les gens de la terre que, malgré l'instruction de ce siècle de déréglés, par suite de débauches en France et en Europe, avant la fin du XIXe siècle tout sera bouleversé comme du temps de Notre-Seigneur lorsqu'il fut crucifié.

Il n'y aura que ceux qui auront réellement la foi qui seront épargnés en Europe.

FOURNET, MICHEL.

Marseille, le 15 Mai 1890

XXXVI

Les Hommes de Science

I

Oh! hommes de science; aimez la Providence,
Si j'ai travaillé c'est pour votre clémence.
Sous l'inspiration divine en ce siècle
Pour que j'écrive sans songer au cri de l'aigle.
La persécution infâme sur nos frères
Qui ne songeaient qu'à leur nation salutaire.
Les trésors de ce monde loin de mes yeux
Depuis longtemps sont tournès vers les cieux.

II

Oui! pauvre enfant, né poète et prophète,
Tu seras consolé au son de la trompette
Que Dieu va bientôt faire entendre sur la terre
Pour annoncer à l'Europe que sa grande lumière
Va bientôt remettre les nations à la raison
Pour qu'elle soit gouvernée sans passion.
Ton nom vénéré sera la juste récompense
Car ton livre aura un succès immense
Et quoique sa mère soit retirée du monde
Elle en ressentira une joie profonde.

FOURNET MICHEL.

XXXVII

L'Homme animal

L'homme animal aujourd'hui sur la terre ne peut comprendre les choses de l'esprit de Dieu malgré tous les exemples qu'il voit chaque jour devant ses yeux et la lumière qui l'éclaire.

Car pour lui elles lui semblent folie, partout devant ses yeux en ce monde, n'ayant pas l'esprit de Dieu partout où il passe durant sa vie, ne songe qu'aux festins pour y faire bombance, au détriment du pauvre malheureux et spirituel qui ne pense qu'à faire le bien à son prochain, et souvent malgré sa misère l'homme animal cherche tous les moyens possibles à le détourner de ses principes spirituels et sages.

Mais Dieu le Christ surprend l'homme animal malgré sa ruse de démon, partout où il passe il ne trouve pour se reposer que le chemin creux et plein d'épines jusqu'à sa mort où il n'est plus que poussière et cendre, voilà sa récompense.

Tandis que l'homme de Dieu spirituel sonde toute chose comme venant de Dieu et de crainte de se tromper, affirme sa pensée comme l'édifice du Christ qui l'instruit dans toute chose, dans le droit chemin de la vérité, de la foi ; la vie d'un tel homme ici-bas, sur la terre comme aux cieux, est immortel malgré la persécution infâme par l'homme animal qu'il ravage comme la terre.

Fait à Marseille le 15 mai 1890, dans ma nouvelle demeure, rue d'Alger, n° 17, par FOURNET, MICHEL, auteur de ce livre mémorable et immortel.

Pour finir, j'ajoute sur mon livre ces paroles nobles et mémorables, en mémoire de la Troisième République Française et de la Sainteté de Léon XIII, Pape à Saint-Pierre-de-Rome, Ville Éternelle :

I

Ah ! quelle gloire pour notre Saint-Père Léon Treize,
Vénérable Prélat du Christ divin que Dieu protège
Dans la ville éternelle contre les Judas, races imfâmes
Qui cherchent à détruire l'Église, corrompre les âmes.

II

Que Votre Sainteté, assise au sein de l'Europe,
Se console dans Rome, quoique les persécutions
Soient dirigées contre le Christ, comme fit le roi Hérode,
Dieu le Christ préservera Sa Sainteté contre les nations.

III

Libérateur ami de Dieu, du Christ et de Saint-Pierre,
Approuvera mon simple livre rempli de lumière
Que Dieu m'a inspiré d'écrire à Marseille de ma main,
Pour qu'il soit imprimé sur parchemin.

FOURNET, MICHEL.

Souvenir

Oh! Coste Marie, que ton cœur soit immortel
D'avoir, à Marseille, glorifié l'Éternel,
En me délivrant de ma pauvreté misérable
Pour faire imprimer mon livre remarquable.
Car sans toi vénérable femme sincère,
Que serait-*il* devenu, mon livre de lumière.

FOURNET, MICHEL.

J'ai commencé à écrire mon livre immortel dans mon ancienne demeure, rue Eydoux, n° 2, au-dessus des Écoles des Frères de Marseille, le 2 Décembre 1889.

Je l'ai terminé le 22 Mai 1890, dans ma nouvelle demeure, rue d'Alger, n° 17.

Marseille. — Impr. MÉRIDIONALE, 119 Boulevard National.

TABLE DES MATIÈRES

www.ingramcontent.com/pod-product-compliance
Ingram Content Group UK Ltd.
Pitfield, Milton Keynes, MK11 3LW, UK
UKHW021644260726
13994UKWH00003B/1254